9세 이전 놓치면 평생 아쉬운

미술 공부

9세 이전 놓치면 평생 아쉬운
미술 공부

ⓒ 이유미, 2024

초판 1쇄 발행 2024년 10월 10일

지은이   이유미
펴낸이   이기봉
교정교열 김현창
편집   좋은땅 편집팀
펴낸곳   도서출판 좋은땅
주소   서울특별시 마포구 양화로12길 26 지월드빌딩 (서교동 395-7)
전화   02)374-8616~7
팩스   02)374-8614
이메일   gworldbook@naver.com
홈페이지 www.g-world.co.kr

ISBN   979-11-388-3593-0 (03370)

아이에게 성취감을 선물하는 스토리텔링 미술

9세 이전
놓치면 평생 아쉬운
미술 공부

이유미 지음

좋은땅

프롤로그

어린이들과 〈아트에세이〉를 만들기 시작한 이유

'아이들의 그림은 언어이자 기록이다.'

처음 미술 교육을 시작할 때부터 어린이 미술 콘텐츠를 제작하고 있는 지금까지 제가 항상 마음 한쪽에 새겨 두고 있는 모토예요. 그림 재능은 일부 아이들만 타고나는 것이 아니에요. 9세 이전 아동에게 '그림'이라는 도구는 누구나 보편적으로 사용할 수 있고 자기 의사나 생각을 효과적으로 표현하는 하나의 언어죠.

다만, 아이들이 이 언어를 효과적으로 사용하려면 적절한 시점에 그림이 즐겁고 재미있다는 인식을 형성하도록 미술 교육이 이루어져야 해요. 사람은 누구나 자기만의 이야기를 갖고 있고, 미술 교육은 이 이야기를 창의적으로 표현할 수 있도록 돕는 역할이에요.

저는 아이들이 상상하는 이야기, 가슴에 품은 일상의 이야기를 자유롭게 표현하는 새로운 미술 교육법을 만들었어요. 아이들은 이 교육을 통해 어떤 주제의 핵심을 파악하고 자신의 상상과 경험, 관찰을 결합하고, 다양한 미술 기법을 활용한 작품으로 완성하며 자기만의 스토리로 완성해 나가죠.

16년 동안 미술 교육 현장에 있으면서 알게 된 것은 9세 이전 아동도 자기 정체성, 성취감 등을 그림으로 기록할 수 있다는 사실이에요. 이 시간은 '나'라는 존재를 마주하고, 관심 있는 주제나 생각을 그림으로 확장해 기록하는 과정이기에 굉장히 소중해요.

저와 여섯 살에 미술을 시작한 슬우는 어느덧 열두 살이 되었어요. 학교 미술 시간에는 선생님과 친구들에게 항상 칭찬을 받는다고 해요. 저와의 수업에서 배운 것을 토대로 자기만의 주제를 찾아내고 다양한 미술 기법을 응용해 개성 넘치는 방법으로 하고 싶은 이야기를 풀어내기 때문이죠. 슬우 스스로도 자기만의 예술 작품을 만들었다는 생각에 큰 보람을 느낀다고 말해요.

슬우뿐 아니라 저와 함께 미술 수업을 진행한 많은 아이가 이런 경험을 했어요. 일상 속의 생각과 느낌을 자유롭게 그림으로 표현하는 '아트에세이 프로그램'은 순위로 결정되는 공부에서 오는 피로감을 덜고 위로하는 친구가 되었죠. 아트에세이 프로그램을 경험한 아이들은 자기 주도적으로 재능을 발견하고 진로를 결정하기도 했어요.

이런 성과가 학부모님들의 입소문을 타자 수업을 듣기 위해 멀리서 찾아오는 아이와 학부모님, 교육자들이 늘어나더라고요. 이 책을 쓴 이유도 여기에 있어요. 시간과 거리의 제약을 극복하고 저의 미술 교육법을 널리 알려, 미술 교육을 포기하는 분들이 없었으면 하는 마음이에요.

미술 교육은 단순히 상 하나 더 받는 기술을 알려 주는 것이 아니에요. 사고력, 창의력, 이해력, 표현력 등 학습 전반의 밑바탕을 이루는 '감성 체력'을 키우는 것이죠. 이 책을 통해 미술 교육의 궁극적인 목적을 이루기 위한 방법, 그리고 6세 무렵부터 어떤 목표를 갖고 어떻게 미술 교육이 이루어져야 하는지 말씀드리고 싶어요. 그래야 미술 실력을 기르는 데에 그치지 않고 건강한 어른으로 성장하는 기반이 자리 잡기 때문이에요. 우리의 미술 교육이 꾸준히 이루어지며 스웨덴의 공교육처럼 아이들의 전인적 성장에 밑거름이 되었으면 해요.

목차

제1부

버려지는 교육이 두려운 엄마들에게

제2부

우리 아이에게 행복을 가져다주는 '비우는 시간'

제1부

버려지는 교육이
두려운
엄마들에게

제1장

미술로 공부 머리를
만든다?

그림 교육 시작을 주저하는 엄마들의 고민

"선생님, '미술이 어렵고 너무 싫어!'라고 말하는 우리 아이가 '미포자' 되지 않게 하는 방법이 있을까요?"

"선생님, 아이가 '엄마, 그림 그려 줘요!'라고 하면 막막해져요. 뭘 그려야 할지, 어떻게 그려야 할지……. 나비를 그려 달라고 해서 그려 주면 원하는 그림이 아니라면서 다시 그리라고 떼쓰기 일쑤예요. 그럴 때면 정말 식은땀이 줄줄 흐르는 것 같아요. 결국 초등학교 때 친구들과 했던 것처럼 '아침 먹고 땡, 점심 먹고 땡, 창문을 열어 보니 비가 오네요…' 노래를 부르면서 그려 주는 게 전부죠. 나름대로 어릴 때 5년이나 미술학원에 다녔는데도 뭘 어떻게 그려야 할지 모르겠어요. 국영수야 어느 정도 해결할 수 있는데, 제가 미포자 엄마가 된 것 같네요."

미술 교육을 시작한 지 16년, 상담하다 보면 이런 고민을 토로하는 학부모님이 많더라고요. 저는 부모님에게 먼저 이렇게 질문해요.

"왜 아이에게 미술 교육을 시키려고 하세요?"

많은 부모님은 아이가 미술을 잘하는 것보다는 '재미'를 느꼈으면 한다고 말씀하셨어요. 사실, 저는 어릴 때 수학을 굉장히 어려워했고, 그렇게 점점 거리를 두다 보니 결국 수포자가 됐죠. 여러 부모님을 보면서 미술 시간이 괴로워 미포자가 된 분들이 꽤 많다는 것을 알게 됐어요. 제가 수학과 그랬던 것처럼 말이죠.

9세 이전: 생각을 표현하는 방법을
배워야 하는 시기

    요즘 아이들은 자기 생각을 잘 표현하지 못하는 경향이 커요. 그리고 표현이 서툴면 자연스럽게 소통 능력이 떨어지죠. 그래서 9세 이전 시기에는 생각을 그림으로 그려 내며 표현력을 기를 필요가 있어요. 그러기 위해서는 먼저 자기 경험을 그림으로 다양하게 나타내 봐야 해요. 그래서 저는 아이들에게 주제를 제시하고 관련한 자기 경험을 그려 보도록 해요. 자연스럽고 편안한 상황에서는 아이들도 잘해야 한다는 압박이나 형식에 갇히지 않고 자유롭게 자기 생각을 표현하죠.

    아이들의 표현 능력은 단순히 손을 활용한 유희 활동으로 좋아지지 않아요. 자기 경험을 그림으로, 말로 표현하면서 내면의 다양한 감정을 느끼고 부담 없이 표현할 수 있는 환경이 조성되어야 해요. 그 안에서 부담을 덜어 내고 자기만의 언어와 방식을 유연하게 사용할 수 있는 시기가 바로 '9세 이전'이에요.

    아이들이 자기 생각을 최대한 잘 표현하게 할 수 있는 교육 방법으로 미술이 각광을 받은 지는 꽤 오래됐어요. 하지만 찍어 내기 식으로 미술 기법만을 가르치는 곳이 많아지다 보니 부모님들의 고민만 늘어나고 있죠. 교육을 받을 수 있는 곳은 계속 늘어나는데 사랑하는 아이가 정작 원래 목적에서 벗어난 영양가 없는 수업을 받는다고 생각하면 아찔할 수밖에 없어요.

그렇다면 우리는 미술 교육의 원점으로 돌아와야 해요.

'아이들에게 미술이 필요한 이유는 무엇일까?'

'현명한 미술 교육은 어떻게 해야 할까?'

지금 자녀를 미술학원에 보내고 계신 부모님께서는 이런 질문을 해 본 적이 있으신가요? 초등학생 자녀에게 미술 교육을 시키는 부모님께서 가장 크게 바라는 것은 무엇일까요? 아마도 '우리 아이가 자신감 있게 표현하는 법', 즉 자기표현력을 키우는 것이 아닐까요?

많은 연구를 통해서도 미술 교육의 효과는 밝혀져 있어요. 창의력 발달, 소근육 활성화, 표현력 향상 등이 대표적이죠. 하지만 야속하게도 현실은 그렇지 못해요. 미술학원을 비롯해 여러 학원을 기계적으로 '다니는' 데에 집중하다 보니 아이들이 미술 교육에서 얻어야 할 효과를 제대로 느끼지 못하는 경우가 많아요. 미술학원에 와서도 자기가 무슨 활동을 하고 있는지, 왜 이 대상을 그림으로 표현해야 하는지 생각할 겨를조차 없는 것이 현실이죠.

그림일기를 잘 그리고 생활화를 멋지게 그리도록 도와주는 것은 '9세 이전 미술 교육'의 본질이 아니에요. 대회 출전용 그림을 외워서 그리는 것이 아니라, 어른이나 세상의 눈치를 보지 않고 자기가 표현하고자 하는 것을 자유롭게 그릴 수 있게 하는 것이 미술 교육의 시작이에요.

아이들은 무궁무진한 잠재력을 갖고 있어요. 다만 자기 힘만으로는 찾을 수 없을 뿐이죠. 그렇기에 적절한 시기에 그것을 끌어낼 조력자가 필요해요. 스스로 즐겁게 생각해 표현하는 활동을 해야 아이는 성취감을 느끼고, 그 성취감이 무엇이든 할 수 있다는 자신감으로 이어진다는 점을 꼭 기억하셨으면 해요.

스스로 생각하는 힘을 길렀을 때의 장점은 여기서 그치지 않아요. 정체성을 찾고 감성적인 체력을 함양하는 데에도 굉장히 효과적이거든요. 모든 부모님은 자녀가 리더십 있고 자신감 있는, 주체적인 어른으로 성장하기를 바라요. 하지만 그럴 수 있는 힘은 한순간의 노력으로 만들어지지 않아요. 직접 상상하고 발견하고 자기만의 길을 찾는 과정을 통해 서서히 만들어지는 것이죠.

그래서 제 수업은 '경험'에서 시작해요. 그림으로 자유로운 경험을 하고 나면 언젠가 아이는 그 모든 것을 자기 것으로 온전히 받아들일 수 있어요. 이 시점에는 아이의 주도성을 끌어내는 것이 가장 중요해요. 자기 개성을 발휘하고 성취감을 느끼게 되면 자연히 아이는 더욱 자신감 있고 주도적인 사람으로 성장할 수 있어요.

지금은 '자기 PR의 시대'라고 하죠. 앞으로는 그런 경향이 더욱 강해질 것이라고도 하고요. 그렇기에 그림으로 자기를 어떻게 표현할 수 있는지 발견하게 함으로써 공부를 왜 해야 하는지 그 의미를 알려 줄 필요가 있어요.

학습에 미술이 도움이 된다는 중요한 발견들

공부의 첫걸음, 감성 체력으로 기초 다지기

우뇌를 활짝 열어 주자!

여섯 살 때부터 본격적으로 미술 교육을 시작해야 하는 이유는 미술이 다른 분야를 학습하는 데에도 징검다리 역할을 하기 때문이에요. 유아의 손은 '보이는 뇌'라고도 하는데, 손을 많이 움직여야 인지 능력이 잘 발달해요. 그렇기에 손을 많이 움직이는 활동을 해야 하는 시기이기도 하죠.

200억 부자 아빠가 아들에게만 알려 주고 싶은 재테크의 비밀을 담은 책 《부자아빠의 돈 공부》의 이용기 저자가 주장한 것도 비슷한 맥락이에요. 재무제표 만들기의 중요성을 설명하는 부분에서 '기록하는 습관'을 강조하며 유년 시절부터 손을 많이 움직여야 한다고 했죠.

이 시기 아동에게는 수직적 경험보다 수평적 경험이 중요해요. 공부하고 평가를 받으면서 단계를 뚫고 올라가는 상대평가보다는 다양한 미술 영역을 자유롭게 경험하고 내재화하는 경험이 인지 발달에 큰 도움이 된다는 의미예요.

주변을 보면 유아기부터 아이의 공부 습관을 들이려는 부모님이 많아요. 공부 습관을 잘 만들어야 습득한 지식을 온전히 자기 것으로 만들 수 있기 때문이에요. 그래서 어릴 때부터 매일 공부할 학습지의 분량을 정하는 등의 방식으로 아홉 살 이전에는 습관을 만들어 주려고 하죠. 실제로 9세 이전의 아이들은 무언가를 반복적으로 가르치고 상기시켜 주면 습관이 형성된다고 해요.

어른들은 같은 행동을 반복하는 것이 자연스럽죠. 이미 오랫동안 하나의 습관으로 굳어졌기 때문이에요. 하지만 이제 막 습관을 형성하는 아이들은 매일 도전해야 하는 힘든 과제로 받아들여요. 부모님들은 열의에 차서 본인이 유년기에 그러지 못했던 만큼 학습 교재를 들이밀며 자기 주도적인 공부 습관을 만들려 해요. 열성적인 부모님들은 이제 여섯 살 난 아이를 교육원으로 데려가 훈련을 통해 공부 습관을 들이기도 하죠.

처음에는 아이도 교재를 흥미롭게 생각해요. 처음 접하는 것이기에 간혹 재미를 보이기도 하고요. 하지만 이런 흥미는 오래가지 못하고, 교재에는 눈길 한 번 주지 않는 상황이 발생하기 일쑤죠. 왜 그런 것일까요?

아이들은 태어나면서부터 배우기 시작해요. 이때 배움의 목적은 생존이죠. 주변 환경을 인식하고 적응하면서 세상을 살아가기 위해 필요한 기술을 익히는 과정이에요. 배가 고프면 울고 졸리면 자는 것도 그 일부라고 할 수 있어요. 이처럼 유아기에는 비의도적, 무의식적으로 배움이 이루어지다가 다섯 살 무렵에 이르면 능동적이고 자기 주도적인 학습이 시작되죠. 특히 수리와 언어 분야에서 활발하게 이루어져요.

이때는 개인차를 감안해 '배움이 잘 이뤄질 수 있는 적절한 시기'를 찾는 것이 중요해요. 아이의 말, 행동, 놀이 등 활동을 가까이서 살펴보면 적절한 시기가 언제인지 알 수 있어요. 자녀의 발달 속도와 성향을 고려하지 않고 '시기'가 중요하다고 맹신하며 학습 자극을 가한다면 배움을 받아들이는 결정적 시기가 아니라 배움을 거부하는 결정적 시기가 될지도 몰라요. 그렇기에 아홉 살 이전 아이에게는 자기를 표현할 수 있는 도구를 제공하고 자유롭게 사용할 수 있도록 익숙해지는 시간을 줄 필요가 있어요.

초등 교육과정에서 미술은 단일 과목이기도 하지만 주요 과목의 이해를 돕는 기초 과목이기도 해요. 실제로 유럽에서는 여러 과목에 미술을 응용하고 있어요. 색종이만 한 흰색 종이 가득 그림을 그리고 결과물을 칠판에 붙여 함께 살펴보며 이야기를 나누는 방식이에요. 아이들은 그림에 대한 생각과 감정을 자유롭게 표현하고, 교사는 그 내용을 칠판에 적어 내려가죠. 조금 전만 해도 미술 수업이었는데, 자연스럽게 국어(언어) 수업으로 넘어가는 거예요. 이런 방법은 유연한 사고력을 기르는 데에 도움이 돼요.

수학 시간에는 미술 시간에 그린 자기 얼굴이나 사물 그림을 통해 대칭을 공부해요. 원뿔이나 정육면체 같은 도형의 원리도 그림으로 익히면서 '전개도'를 배우죠. 언뜻 미술과는 무관해 보이는 역사 과목도 마찬가지예요. 마인드맵 기법을 활용해 특정 시점의 역사적 사건들을 한눈에 볼 수 있도록 도식화하는 방법을 배워요. 과학 시간에 인체의 구조를 배울 때도 아이들은 자기의 몸을 관찰하고 묘사하면서 자연스럽게 익히게 되죠. 이처럼 미술은 다양한 학문과 연계해 보다 흥미롭게 지식을 습득할 수 있게 해요.

지금 우리나라의 초등 교육은 어떻게 변하고 있을까요? 별자리에 관한 수업이 있다고 예를 들어 볼게요. 과거에는 교과서나 참고 자료들을 통해 별자리의 형태와 위치에 관한 지식을 '주입'하고, 영상이나 사진 같은 시각적 자료를 보는 정도에 불과했어요. 하지만 지금은 아이들이 직접 별자리를 그리고 색칠하는 등의 활동을 통해 '체험'하며 이해하는 교육으로 나아가고 있죠.

　'관찰력이 좋고 그림 그리기를 좋아하는 우리 아이가 미술을 전공하겠다고 하면 어떡하지?'와 같은 고민을 하는 부모님도 계실 것 같은데, 염려할 필요는 없어요. 초등학교 때까지의 미술 교육은 아이들의 사고력을 기르는 데에 초점을 맞추고 있으니까요. 예를 들어 '사과'를 배운다고 할 때, 초등학교 때는 사과를 사실적으로 묘사하는 데에만 집중하지 않아요.

　특히 저학년 아이들에게는 사과에 얽힌 각자의 경험을 자유롭게 말하도록 해요. 좋아하는 사과의 종류, 사과 농장 체험, 생각나는 사과 요리, 사과보다 더 좋아하는 과일 등을 말로 표현하면서 사고를 확장하고 흥미를 갖게 되죠. 이런 교육법은 '사과'라는 하나의 대상을 다양하게 표현하는 방법을 익힐 수 있게 하며, 다른 과목을 학습하는 기반을 만들어 줘요.

　이런 교과 과정의 연계성을 효과적으로 확장하려면 창의력과 표현력을 기를 수 있는 프로그램이 중요해요. 자기 생각을 충분히 표현하지 못하는 아이들도 있고, 내성적이어서 다른 사람 앞에서 말하기를 두려워하는 아이도 있죠. 주입식 교육으로 인해 경험보다는 지식에 의존하는 아이도 있을 거예요. 이런 아이들이 자기 경험에 기반한 이미지와 키워드, 이야기를 표현할 수 있는 자신감을 키워 줘야 해요. 초등학교 저학년, 즉 8~10세 아이들에게 사고력을 증진하는 미술 교육이 필요한 이유도 여기에 있어요. 아이들이 자기 주도적으로 그림의 기본 형태를 구성하고 나름의 이야기를 부여함으로써 풍성한 내용을 담은 그림으로 만들 수 있도록 해야 한다는 의미예요.

미술 수업에서는 주제에 관한 시각적 문해력(Visual Literacy) 자료를 활용해 아이들이 주제를 더욱 심층적으로 이해할 수 있도록 해요. 그리고 여러 질문을 통해 아이들이 자유롭게 생각하고 표현하는 '체계적 미술 융합 사고'를 길러 주죠. 이런 과정은 아이들의 주도성을 기르는 동시에, 자신감을 갖고 자기만의 생각과 이야기를 그림에 담을 수 있도록 해요.

예를 들어, 고흐의 〈별이 빛나는 밤〉이라는 작품을 보면서 아이는 '우리 동네'라는 키워드를 생각해 낼 수 있어요. 그리고 동네에 얽힌 자기 경험을 이야기로 풀어내고 그림으로 재구성, 재창조하는 과정에서 사고력을 확장하게 되죠. 이런 경험은 하나의 주제를 다양한 각도에서 바라보도록 함으로써 '통합적 문제 해결 능력'을 기르는 데에도 큰 도움이 돼요.

초등학교 고학년에게는 '맞춤형 소통 미술 교육'에 초점을 맞춰야 해요. 아이들이 전문 미술의 다양한 영역을 받아들이고 스스로 규칙과 자율을 조화시키면서 표현력과 응용력을 키울 수 있거든요. 이런 교육 방식은 교과 과정 연계 측면에서도 효과적이에요. 시각적 마인드맵을 통해 아이디어를 구상하고 구체적인 활동을 기획하는 입체적 사고력을 기를 수 있죠. 그리고 공간 구성 능력을 통해 자신감 있게 그림을 그리고, 다양한 지식과 경험을 융합해 감상과 비평 능력을 갖춘 아이로 성장하는 기반이 되기도 해요.

자기를 표현하는 시간이 점점 사라지고 있어요

    안타깝게도 9세 이전 아이들의 미술 시간이 점점 사라지고 있어요. 아이들이 직접 사물을 만지고 탐구하는 교육이 그 어떤 발달과정보다도 중요한 시기인데도 말이죠. 특히 이 시기는 개인 발달 특성의 편차가 심해, 교사가 아이들의 행동과 소근육 발달을 잘 관찰하며 지도할 필요가 있어요. 나아가 과정미술(작품을 만드는 과정 자체가 주를 이루는 미술)로 그림을 표현하는 방법을 찾아 주어야 하는 시기이기도 해요.

    코로나19 대유행을 기점으로 미술 교육의 방향이 크게 바뀌었어요. 원래라면 아이들이 손을 사용해 얻어야 했을 다양한 경험을 하지 못하고 비대면 수업에 의지할 수밖에 없었으니까요. 하지만 모니터를 통한 교육, 특히 미술 교육은 그리 효과가 크지 않아요. 실제로 대유행 시기에 자녀 육아로 힘든 시간을 보낸 엄마들의 미술 교육 가치관에는 많은 변화가 생겼죠.

    "승아 엄마, 이제 그 창의력 미술학원 그만 보내야 하지 않아?

그런 미술학원 다닐 시기는 지났잖아."

"승아가 너무 좋아해서 끊을 수가 없어요. 스킬을 알려 주는 학원으로 빨리 옮겨야 하는데 고민이네요."

"두 달 뒤면 초등학교 입학인데 얼른 그만둬야지. 우리 현빈이는 작년부터 스킬 알려 주는 미술학원에서 그림대회, 학교 미술 행사, 그림일기 과정 준비했거든. 학교에서 주눅 들지 않을 정도의 기본 실력만 만들면 되니까 미리 준비해야 돼."

"알죠. 1학년이 되면 영어, 수학, 운동, 가베, 독서토론, 피아노……. 어휴, 가야 할 학원도 많은데 현빈이는 미술이라도 미리 준비해 둬서 좋겠어요."

"응, 현빈이는 초등학교 들어가면 미술학원도 끊을 거야. 우린 얼마 전에 수학 스토리텔링 ○○책 전집 샀거든. 이거 사면 수업을 해 준다고 해서 마침 잘됐지 뭐야. 현빈이가 책을 좋아하기도 하니까."

이런 대화, 어디선가 들어 본 것 같지 않나요?

초등학교 입학을 앞둔 자녀의 학부모들은 '학교에서 미술 대회가 열리지도 않는데 굳이 미술학원을 보내야 할까?'라는 의문을 품곤 해요. 미술이라는 영역을 유아기의 소근육 발달을 위한 수단, 혹은 놀이 수업 정도로 인식하게 된 거죠.

저는 매일 아침 산책을 마치고 단골 카페에 가서 커피를 한잔하곤 해요.

커피를 기다리다 보면 아이들을 등원시키고 삼삼오오 모여 이야기꽃을 피우는 어머님들을 자주 보곤 하는데, 미술에 관한 이야기가 나오면 자연스럽게 그쪽에 관심이 가게 되더라고요. 아무래도 미술 교육에 종사하고 있다 보니 어쩔 수 없는 일이기도 한데, 이런 대화를 실시간으로 듣다 보면 저도 모르게 한숨이 나오곤 해요.

초등 교육과정이 개정되면서 '즐거운 생활', '바른 생활', '슬기로운 생활'이라는 교과는 없어졌어요. 대신 '나', '탐험', '마을', '이웃', '나라', '세계' 같은 영역별 주제 통합 교과서가 생겨났죠. 수학 교과도 개정되면서 교과서에는 '스토리텔링'이라는 방식이 반영되었어요. 각종 교육 전문 출판사, 학습지 회사 등 사교육 시장에서도 요즘 트렌드를 반영해 AI 기술을 접목한 IT 교재와 동화책들이 우후죽순 쏟아지고 있어요. 그리고 불안한 엄마들은 뒤처지지 않기 위해 흔쾌히 지갑을 열고 있죠.

이른바 '공포 마케팅'도 이런 추세에 한몫을 하고 있어요. 이 교재를 공부하지 않으면 입학 후에 학교 수업을 따라가기 어려울 것이라고 협박 아닌 협박을 하는 식이죠. 엄마들은 이내 마음이 흔들려 홀린 듯 결제를 해요. 결국 아이들은 그 많은 책을 읽고, 교과목별 학원을 다니고, 각종 학습지를 풀어야 해요. 일상이 공부 스케줄로 빼곡하게 채워지고, 자연히 그림 그리는 시간은 줄어들어요. 미술이 이른바 '핵심 과목'에 밀려 변두리 과목으로 인식되고, 유년기의 단순한 '놀이' 정도로 치부되는 거예요. 정말 안타까운 상황이 아닐 수 없어요.

'용감한 창의력' 키우기가 공부의 첫걸음이에요

[우리 아이는 창의력이 꽤 좋은 편인데, 굳이 미술학원을 가야 할까요?]

초1인 첫째가 그림을 잘 그리는 편이에요. 그림 실력이 좋은 건 아닌데, 제가 보기에 또래 애들보다 디테일을 잘 잡아내고 관찰력이 뛰어난 것 같아요. 색감도 좋은 편이고요. 유치원 때도 애들이 그림을 그려 달라고 하면 선물로 주곤 했어요. 집에 있을 때는 태블릿이나 종이에 그림을 그리고, 종이나 만들기 재료로 이것저것 많이 만들기도 해요.

일곱 살 때 8개월 정도 미술학원에 보냈는데 재미있게 잘 다니긴 했어요. 초등학교 들어가고 나서는 주요 과목들 때문에 미술학원을 쉬는 중인데 약간 고민이 되네요. 아이 그림에 개성은 있는데 섬세한 스킬이 부족하고, 다양한 기법이나 재료를 사용하는 부분은 확실히 약해요. 장단점이 있어서 미술학원을 다시 보내야 할지 고민이네요. 혹시 초등 고학년 자녀가 있으신 분들 경험담 나누어 주실 수 있을까요?

이 내용은 실제로 한 맘카페에 올라온 학부모의 고민이에요. 요즘은 보통 5~8세 무렵에 미술 교육을 시작하는데, 초등학교에 입학하고 나면 얼마 지나지 않아 미술학원을 그만두곤 해요. 아이가 미술에 큰 어려움을 느끼지 않는 것 같기 때문인데, 대신 주요 과목 공부 시간을 늘리곤 하죠.

이 엄마의 고민에는 아이의 의사가 전혀 반영되어 있지 않아요. 엄마의 질문 어디에도 아이가 어떻게 생각하는지, 무엇을 하고 싶은지에 관한 내용은 없어요. 아이에게 의견을 물었다 할지라도 이미 답은 정해져 있었을 거예요. 질문 자체부터 엄마의 관점에서 만들어진 것이니까요.

미래를 위한 '진짜 공부'는 무엇일까요? 저는 창조성을 키우는 공부라고 생각해요. 이 창조성은 아이가 어른이 되어 독립적으로 세상을 살아가야 할 때 빛을 발하게 돼요. 어떤 일을 하든, 어떤 삶을 살든 상상의 문을 열고 새로운 아이디어와 가능성을 적극적으로 포용한다면 누구나 창조적인 인간이 될 수 있어요.

그런데 많은 부모들은 재능을 타고난 특출한 사람만이 '창조'라는 영역에 들어갈 수 있다고 생각해요. 그리고 이 편견 속에 아이를 가둬 버리고, 사회에서 인정받고 안정적인 직업을 갖고 살아가기를 바라죠. 창조성은 우리 아이와 거리가 먼 것이라고 생각하기 때문이에요.

어린 시절의 저는 '창조'와 거리가 멀었어요. 단지 미술로 무언가를 표현하는 데에 다른 아이들보다 흥미가 많았을 뿐이죠. 성인이 된 뒤에는 즐길 수 있는 일을 하고 싶었어요. 그렇게 많은 경험과 공부를 통해 어느덧 저만의 브랜드를 갖고 창업을 하게 된 거예요.

9세 이전 아이들에게는 창조성을 키우는 시간이 반드시 필요해요. 평소 가슴에 담아 둔 감정을 그림이나 글, 음악 등을 통해 표현하는 자리를 마련해 주세요. 이 과정에서 아이들은 창조성을 발휘해 자기만의 세계관을 구축해요. 창조성을 발현할 기회는 많으면 많을수록 좋아요. 세상을 다양한 관점으로 바라보는 법을 익힐 수 있고, 어려운 문제를 해결하는 창조적 사고 경험도 늘어나기 때문이에요.

에디슨은 "천재는 99%의 노력과 1%의 영감으로 만들어진다."라는 명언을 남겼어요. '천재'라는 단어를 '창조성'이라는 단어로 바꿔도 마찬가지에요. 영국의 대표적인 가전 기업 '다이슨'의 창립자인 제임스 다이슨이 좋은 예죠.

다이슨은 진공청소기가 오래되면 흡입력이 급격히 떨어지는 문제로 골머리를 앓았어요. 그러던 중 방문한 제재소에서 원심분리기를 이용해 톱밥을 제거하는 광경을 목격하죠. 다이슨은 여기서 영감을 얻어 원심분리기의 원리를 진공청소기에 도입하게 돼요. 그리고 1979년부터 1984년까지 무려 5,127개에 달하는 시제품을 만들어 보고, 이후에도 10년을 더 투자해 '싸이클론' 방식의 진공청소기를 시장에 내놓았어요. 그렇게 2001년, 다이슨 진공청소기는 시장점유율 47%라는 엄청난 성과를 올렸어요.

다이슨은 학창 시절 장거리 달리기를 잘했다고 해요. 일을 끝까지 해내는 끈기와 인내심도 달리기를 통해 배웠다고 했죠. 그는 비결을 이렇게 말했어요.

"체격 조건이 좋아서가 아닙니다. 그보다는 다른 사람이 넘보지 못할 투자와 완주에 대한 확신이 있었던 덕분입니다."

다이슨은 대학교에서 예술을 전공한 뒤 엔지니어링 회사에 취직하기도 했어요. 이처럼 다양한 분야를 경험하고 새로운 분야에 도전하는 데에도 '인내심'이 한몫을 했죠. 다이슨을 보면 다양한 경험, 새로운 아이디어를 수용하는 열린 자세, 실패를 두려워하지 않는 용기, 꾸준한 도전, 무한한 상상력, 끝까지 해내는 끈기가 창조성에 매우 중요하다는 것을 알 수 있어요.

9세 이전 아이의 창의력이 커지면 '공부 머리'도 형성돼요. 저는 미술 교육과 그림이 이런 관점에서 이루어졌으면 해요. 일상에서 흥미를 느낀 주제나 상상 속의 장면을 그리고 오리고 만들어 기록하는 활동을 충분히 경험하기를 바라요. 이런 미술 작업을 통해 자기감정과 생각을 자유롭게 표현할 수 있는 아이가 창의적인 사람으로 성장할 수 있으니까요.

사실 현장에서 아이들을 가르치는 미술 교사들은 이런 사실을 잘 알고 있어요. 다만, 정작 아이를 키우는 부모가 모른다는 것이 아쉬울 따름이죠. 재차 강조하지만 아이들의 창의력은 공부 외에도 다방면에서 쓰일 수 있어요. 아이가 소질과 적성에 맞는 직업을 선택해 세상을 살아가는 시기가 되면 창의력이 비장의 카드가 될 거예요.

안타깝게도 우리나라의 예술 교육은 국영수 같은 핵심 과목에 비해 중요도가 떨어진다고 여기는 분들이 많아요. 외국과 비교하면 그 차이는 더욱 두드러지죠. 미래의 교육은 창의성, 비판적 사고, 감정과 경험의 표현을 결합한 '스토리텔링' 중심의 패러다임으로 전환되어야 한다는 것이 제 생각이에요.

　아동 미술 교육은 그림 실력을 향상하는 것만 목적이 아니에요. 지성, 감정, 의지를 균형 있게 갖춘, '전인적 인간'으로 성장하는 디딤돌이 되어야 해요. 특히 기술의 급격한 발전에 따라 직업 환경도 빠르게 변화하는 오늘날, 나아가 많은 직업이 사라지고 새로 생겨날 미래를 대비하려면 제대로 된 미술 교육은 정말 중요하다고 할 수 있어요.

　부모의 바람, 사회적 시선에 아이들을 가두지 마세요. 자기가 가고 싶은 길을 직접 선택할 자유를 주세요. 타인과 소통하고 협력하고 타협하면서 지식과 경험을 확장하고, 실패와 성공을 통해 배우고 성장하는 세상에서 아이들을 살게 해 주세요.

제2장

미술 교육을 바라보는
육아맘들의 시선

숨 막히게 채울 것인가, 넉넉하게 비울 것인가

나는 어떤 엄마일까?

 예술 교육과 학업 성공의 균형점을 고민하는 부모님들이 많아요. 아래 사연은 중학생 자녀를 둔 '호호맘'이라는 닉네임의 한 학부모가 맘카페 고민 게시판에 올린 글이에요. 호호맘 님은 자녀의 수행평가 성적을 살펴보다가 고민에 빠졌어요. 미술에는 소질이 없는 아이를 영어나 수학 같은 핵심 과목에 더 집중하게 해야 할지, 아니면 정물화 실력을 기르기 위해 미술학원에 보내야 할지 선택의 기로에 서 있는 거죠.

 [게시글]

 호호맘: 중학생 아이를 둔 엄마입니다. 수행평가 결과를 보니 걱정이 돼서요. 아이는 미술에 소질이 1도 없어요. 정물화를 기본이라도 배워야 할지…… 주요 과목을 공부하는 데에 시간을 더 할애해도 부족한 상황인데 미술학원까지 보내야 할까요? 운동

은 계속 시키고 있어요.

[댓글]

- 외발자전거 타기, 청소년 체조 훈련이 수행인 학교도 있어요. 이런 걸 왜 시키는지 정말 이해가 안 돼요.
- 둘째는 중2 때 예체능도 A를 받고 싶은 욕심이 있었어요. 결국 국, 영, 수, 사, 과 지필평가 잘 보는 애가 승리해요.
- 예체능은 80점 이상만 되면 A 주고, 그림은 좀 부족해도 성실히 참여하면 다 A 주더라고요. 중요한 시점인데 그냥 공부를 시키세요.
- 초1 때 동네 미술학원 보냈는데 아이가 싫어해서 그만뒀어요. 아이가 미술을 좋아하지도 않는데 과제를 해 놓은 걸 보면 똥손인 저보다는 나은 것 같더라고요.

댓글에는 여러 학부모의 실제 경험이 담겨 있어요. 누군가는 언뜻 무의미해 보이는 것에 의문을 제기하고, 예체능보다 주요 과목을 공부해야 한다고 주장하는 사람도 보이네요. 어떤 학부모는 아이가 미술을 좋아하지 않아 결국 학원을 그만두게 되었다고 해요.

다른 사례를 볼까요?

[게시글]

은주맘: 4학년 아이의 엄마입니다. 미술을 전공으로 시킬 생각

은 없는데, 몇 개월만 미술학원에 보내서 중학 대비 생존 데생, 수채화를 배우게 하면 도움이 될까요?

[댓글]

- 미술은 배워 두면 여기저기 잘 활용하는 것 같아요. 학교에서 뭔가 할 때 잘 꾸미고 그리니까 자신감도 높아지고 괜찮은 것 같더라고요.

- 저희 아들은 너무 못해서 중2 때 동네 미술학원 선생님께 부탁해서 10번인가 배우게 했어요. 그림 기본이 전혀 없으니까 수업시간에 완성해 제출해야 하는데 그걸 못하더라고요. 수학 시간에도 그림을 그리는 수행평가가 있었는데 제대로 못 했더라고요. 그래서 저도 아이에게 물어보고 학원에 보냈죠.

- 애 둘을 민사고, 외고 보내고 스카이까지 보낸 언니가 "왜 다 잘하게 하려고 했을까? 쓸데없었어."라고 하더라고요. 아이가 잘하는 것에 집중하는 게 좋다더라고요. 우리나라는 단점을 고치느라 시간을 낭비하는 듯. 미술 C 받았던 남편이 더 잘 벌어요.

- 미술 과목 자체에서 좋은 성적을 받으려고 필요한 건 아니고요. 그런데 요즘 다른 과목도 글로 쓰거나 꾸미거나 그리는 방식으로 수행평가를 많이 시키는 것 같아요. 그래서 미술을 평균 이하 수준으로 못하면 많이 불편하고 답답할 거예요. 과제를 하는 시간도 오래 걸리고, 생각만큼 손이 따라 주지 않아서

아이가 짜증을 낼 수도 있어요. 머릿속에 있는 생각을 글이나 말이나 그림으로 잘 표현해야 나중에 직장 생활도 편해요. 그런데 이 중요한 걸 학교에서는 안 가르치죠. 온종일 수학 문제만 풀고.

- 요새는 그런 거 안 나오니 공부에 더 신경 쓰세요.
- 미술 교육이 몇 안 되는 화가 양성이 아니라 미술 감상 위주의 소비자 교육으로 바뀌어야 아이들이 스트레스를 덜 받을 텐데……. 그리고 요즘은 드로잉 기능도 많이 나오니 자기 아이디어가 중요한 시대 아닐까요?

전국 각지의 맘카페 게시판에는 이런 육아맘들의 고민이 수없이 많아요. 내 아이의 학습법을 혼자 고민하다가 도저히 풀리지 않으니 선배 육아맘들의 조언을 구하는 거죠. 고민의 분야는 다양하지만 아이가 성장함에 따라 어떻게 예체능 교육을 다뤄야 할지에 관한 내용도 꽤 많았어요. 아직 어린 자녀를 둔 육아맘들은 선배 엄마들의 조언을 듣고 아이의 공부 머리를 키울 수 있는 유용한 정보를 얻기도 해요.

일부 학부모들은 예술을 배운다는 것이 단순히 미술 과목에서 좋은 성적을 얻는 것 이상의 역할을 한다고 생각해요. 자녀의 자신감과 창의성 함양에 긍정적인 영향을 미친다고 믿는 거죠. 한편으로는 아이들에게 미술이 어떤 영향을 미칠지 깊이 생각해 보지도 않은 채 무조건 비효율적이라고 말하는 부모님도 있어요.

예술 교육의 의미는 무엇일까요? 자기표현을 돕고, 생각을 효과적으로 전달하는 방법을 알려 준다는 것이 아닐까요? 학문적 시각으로만 접근하면 이런 효과는 간과될 수밖에 없어요. 아이들이 행복하고 건강하게 성장할 수 있도록 넓은 시야로 유연하게 육아와 교육에 접근하는 것이 좋다고 생각해요. 그래야 아이들이 자아를 발견하고 발전해 나갈 수 있으니까요.

예술은 창의력과 상상력을 기르는 데에 필수적이에요. '예술'은 단순한 과목 이상의 의미가 있어요. 아이들이 자신을 자유롭게 표현하기 위해 꼭 거쳐야 하는 관문이죠. 이 관문을 넘은 아이들은 자기만의 정체성을 발견하고 정서적 회복력을 키울 수 있어요. 예술 감상은 목표한 점수를 얻었을 때의 학업적 만족감을 넘어서는 기쁨과 성취감을 주기도 하죠.

"내려놓는 게 쉽지 않아요. 다른 아이들에 뒤처지면 어떡해요?"

여섯 살 채영이 엄마는 학원을 여섯 군데나 보내면서 아직 부족한 것 같다고 해요. 남의 아이 일이면 "애들은 뛰어놀아야지."라는 말을 쉽게 할 수 있지만, 정작 내 아이 일이 되면 결정하기가 쉽지 않죠. 내 아이가 다른 집 아이보다 못하면 어쩌나 하는 우려를 매 순간 안고 사는 부모에게는 풀리지 않는 숙제일 수밖에 없는 문제예요.

이른바 '엘리트 코스'를 밟는 아이들은 네 살 때부터 놀이학교를 다니며 영어유치원 입시를 준비해요. 그 뒤에는 국제학교, 특목고 입시 코스를 거쳐 밤을 새워 명문대 입학을 노리죠. 대학을 졸업한 뒤에도 끝나지 않아요. 이제는 좋은 직장에 취업하기 위해 각종 스펙을 쌓아요. 경제적으로 풍족한 사회인이 되기 위한 전형적인 과정이죠. 이 과정에서 선행학습은 필수가 되고, 엄마들은 '채우는 교육'을 시키려 해요.

사실 채영이 엄마도 경쟁이 너무 치열한 세상에 태어나서 안 해도 될 고생을 한다며 아이가 처한 상황을 안타깝게 생각해요. 하지만 주변 엄마들은 '공부 테크'를 타려면 유치원 때부터 시작해야 한다고 아우성이고, 채영이 엄마도 이런 분위기에 뒤처지지 않기 위해 어쩔 수 없이 아이를 몰아붙이고 있어요.

"예체능 길로 한번 들어서면 이미 해 놓은 것이 있어서 다른 노선으로 가는 게 쉽지 않아."

"자유를 주는 방향으로 가면 중간에 공부 길로 바꿔 타는 게 현실적으로 굉장히 어려워."

"우리 때야 고2 정도까지는 놀다가도 정신 차리고 집중하면 따라갈 수 있었지. 그런 건 이제 '라떼' 시절에나 가능했던 얘기야."

채영이 엄마는 주변의 이런 극성에 일보다 육아가 더 힘들다고 해요. 내 아이에게 최선을 다할 자신은 있지만, 정작 최고의 선택지를 주기는 어렵다는 사실을 잘 보여 주는 것이기도 해요.

끊임없이 비교하는 도윤이 엄마

아이는 태어나서 자라는 동안 수없이 많은 '처음'을 경험하죠. 그리고 아이와 함께 부모도 성장해요. 첫 걸음마를 떼던 날, 엄마 아빠라는 말을 처음 발음하던 날, 유치원 첫 등원일, 두발자전거를 처음 넘어지지 않고 탄 날…….

도윤이 엄마는 아이의 초등학교 입학을 앞두고 생각이 많아요. 12월생인 도윤이가 또래보다 발달이 늦은 편이거든요. 그래서 빠진 것은 없는지, 부족한 부분은 없는지 몇 번씩 점검하며 입학을 준비해요. 입학 전 마지막 1~2월을 어떻게 보내야 잘 적응할 수 있을지 고민하며 효과적인 공부법도 찾아봤어요.

도윤이 엄마의 최대 관심사는 한글 쓰기 공부와 미술 교육이에요. 초등학교 1학년의 주요 과제는 받아쓰기와 그림일기거든요. 도윤이가 어느 정도는 자기 생각을 그림으로 표현할 수 있었으면 하는 바람을 갖고 있어요.

도윤이 엄마의 사례에서 알 수 있듯 초등학교 입학 전 아이들이 미술학원에 다니는 이유는 거의 비슷해요. 그림일기, 경험화, 미술 과제, 미술대회 입상 정도죠. 대부분 교과미술에 초점을 맞추고 있어요.

　실제로 도윤이 엄마는 아이가 학교에서 주눅 들지 않고 자신감 있게 표현하기를 바라는 마음에 미술을 배우게 했어요. 미술을 도윤이의 '학습 도구' 정도로만 생각하는 거예요. 도윤이 엄마뿐 아니라 많은 학부모가 '채우는 교육'에 관심을 갖고 있어요. 하지만 교육적 측면에서의 예술은 '자신의 고유한 관점과 재능을 보여 줄 수 있는 창의적 표현 수단'이라는 고유의 지위를 가지죠. 다른 어떤 분야도 이 영역은 침범하기 어려워요.

　지구상의 많은 생물 중 오직 인간만이 교육을 채우는 방법을 모색하는 능력을 갖고 있어요. 비교 역시 인간만이 갖고 있는 능력이죠. 하지만 끊임없이 다른 사람과 비교하는 것은 아이들의 성장과 자기표현에 도움이 되지 않는다고 생각해요. 아이들 개개인의 특성은 획일적이지 않아요. 우리는 저마다의 가치와 의미를 지닌 밤하늘의 별처럼 아이들을 바라보아야 해요. 사회적 고정관념이 아이들의 자기 인식으로 자리 잡기 전에 각자의 생각과 감정을 표현하는 수단으로서의 미술 교육을 지향해 보면 어떨까요?

　9세 이전 아이들은 자기 능력을 다른 아이들과 비교하지 않고, 자신을 탐색하고 표현하는 자유를 누려야 해요. 최고가 되어야 한다는 압박 없이 어디에 열정을 쏟고 싶은지, 내 꿈이 무엇인지 발견해 나가는 시간이 필요한 시기니까요.

　부모는 자녀의 속도와 잠재력에 부합하는 최상의 지원과 교육을 제공할 의무가 있어요. 세상에 재능 있는 아이들이 많다는 점도 인정해야 하죠. 또래 아이들과 비교하지 않고 자기 성장과 성취에 집중할 수 있는 환경을 조성해 주어야 해요. 이웃의 '우수한' 아이를 기준으로 몰아붙이기보다는 내 아이의 잠재력에만 초점을 맞추고 고유한 재능을 키워 주세요.

저는 수년간 커리큘럼을 진행하는 동안 아이들에게 생기는 변화를 감지할 수 있었어요.

첫째, 다른 친구들과 자기를 비교하는 일이 줄어들어요. 다른 아이들이 어떻게 그리는지와는 무관하게 자기만의 독특한 스타일로 표현하는 데에 몰두하죠. 그 결과 큰 성취감을 느끼곤 해요.

둘째, 자기 생각과 욕구를 명확히 표현할 수 있게 돼요. 처음 아트에서 이 교육과정에 참여한 아이들은 부모가 정한 기준을 고수하며 여기서 벗어나는 판단은 주저하는 모습을 보여요. 하지만 시간이 지날수록 점차 자기 목소리를 내기 시작하죠. 이런 변화는 비교로 낭비하는 시간이 아이들의 꿈과 열정에 대한 탐구를 방해한다는 제 믿음을 다시 한번 증명해 주었어요.

셋째, 아이가 직접 겪은 하루를 이야기하는 횟수가 늘어났어요. 활동에서는 색종이 조각을 여러 장 연결해 가장 기억에 남는 순간을 표현하도록 했어요. 아이들은 저마다 재미있는 일상을 그리고 언어로 표현하는 능력을 기를 수 있었죠.

어떤 분야에 뛰어난 재능을 가진 아이는 분명 존재해요. 하지만 그 잣대를 내 아이에게 그대로 들이대고 비교하면 안 돼요. 그보다는 내 아이만의 잠재력이 싹틀 수 있는 환경을 만들어 주는 것이 중요해요. 여기에 힘을 보태는 것이 바로 미술 교육이에요. 미술 교육은 아이들의 자기표현을 장려하고 창의력을 키우는 강력한 도구니까요.

비우는 교육을 선택한 철수 엄마

철수 엄마는 전문직에 종사하는 '커리어 우먼'이에요. 어릴 때는 학구열이 높은 부모님으로부터 채우는 교육 중심의 사교육을 충실히 받으며 자랐어요. 당연히 학교에서도 모범생이었고, 성인이 되어 누리는 인생은 풍요로웠죠. 그 경험 덕분에 철수에게도 어릴 때부터 많은 것을 가르치고 싶었다고 해요. 다행히 철수도 하고 싶은 것이 많아 엄마의 교육 방침을 잘 따라왔어요. 영어, 사고력 수학, 역사, 미술, 바이올린, 피아노, 태권도, 축구, 승마⋯⋯. 하지만 배우는 것이 늘어날수록 철수와 엄마가 감정적으로 충돌하는 일도 늘어났어요. 아이는 아이대로, 엄마는 엄마대로 지쳤기 때문이에요.

철수는 집에 오면 핸드폰 게임에 빠져들었어요. 하루 종일 바쁘게 학원을 다니면서 열심히 수업 들은 것에 대한 보상이었죠. 하지만 시간 맞춰 학원에 보내느라 밥도 제대로 못 먹은 철수 엄마는 그런 철수의 모습이 마음에 들지 않았어요. 엄마가 이렇게 고생했는데 학교 숙제 정도는 스스로 하라며 다그치곤 했죠. 이런 실랑이는 매일 저녁 반복되는 일상이었어요.

하지만 학원을 보낸 지 상당한 시간이 흘렀어도 철수에게는 별다른 성과가 없었어요. 철수 엄마는 괜히 돈만 버리는 것이 아닌가 걱정하기 시작했죠. 뒷바라지를 하느라 혼자만의 시간을 가진 것이 언제인지 기억도 나지 않았고, 아이가 고학년이 되기 전에 교육 방향을 바꿔야 한다는 위기감을 느꼈다고 해요.

그리고 철수 엄마는 큰 결심을 해요. 모든 일상을 잠시 중단한 채 철수와 함께 해외로 인문학 여행을 다녀오기로 한 거예요. 세 살부터 청소년까지 다양한 연령대의 아이와 부모가 함께하는 여행이었죠. 그리고 이때 접한 한 장면이 철수 엄마에게는 굉장히 큰 영향을 미쳤어요.

루브르 박물관을 견학하는 일정이 있었는데, 일행 중 한 엄마가 여섯 살짜리 아이에게 박물관을 보고 싶은지 먼저 물어봤어요. 철수 엄마는 아이가 아직 어리기 때문에 당연히 해설자의 설명을 이해하지도 못할 것이고 전시품을 보는 것도 지루해할 거라고 생각했어요. 그런데 견학 일정 내내 엄마는 아이의 눈높이에 맞는 언어로 끊임없이 설명하고 아이가 이해할 때까지 기다려 주었다고 해요.

철수 엄마는 '나는 철수를 저렇게 기다려 준 적이 있었던가? 저렇게 따스하게 철수의 마음을 어루만져 준 적이 있었던가?' 하고 스스로에게 묻지 않을 수 없었어요. 지금까지 철수를 위한답시고 했던 모든 것이 결국 자기의 욕심은 아니었을까, 그 때문에 아이의 자율성을 제한한 것은 아니었을까 돌아보는 계기가 된 것이죠.

저와 철수 엄마가 만난 것은 이런 일련의 일이 있은 뒤였어요. 대화를 이어 가던 중 철수 엄마는 아이와 공감대를 형성하며 비우는 교육을 이어 나갈 것이라고 말했어요. 예상치 못한 경험이 자녀 교육에 대한 접근법을 재정립하는 계기가 된 것이었죠. 철수 엄마는 아이에게 '배움의 기회'를 주는 것과 자기 관심사를 '직접 탐구할 수 있는 시간과 공간'을 확보하는 것의 균형점이 중요하다는 것을 깨달았어요.

이후 철수 엄마는 아이에게 너무 많은 활동을 강요하기보다는 예술을 통해 생각과 감정을 자유롭게 전달하는 자기표현력을 기르도록 했어요. 아트에세이 커리큘럼 과정에 참여한 것도 그 일환이었죠. 그리고 아이가 정말 좋아하고 즐기는 것을 선택할 수 있게 했어요. 본인도 어린 시절 부모의 강요로 수학과 태권도를 배우다가 흥미가 생기지 않아 결국 그만둔 경험이 있기 때문이었어요.

철수는 스케이트를 배우고 싶어 했고, 일주일에 두 시간씩 아이스링크에서 스케이트 수업을 받기로 했어요. 그 외의 시간은 모두 철수의 자율에 맡겼고, 처음에는 뭘 해야 할지 막막하던 철수는 이제 혼자서도 시간을 잘 활용하기 시작했어요.

"조용히 책을 읽는가 하면 갑자기 그림을 그리기도 하고, 박스로 수납장을 만들기도 해요. 펠트지로 케이크를 만들어서는 정성껏 색칠하고 코팅한 포켓몬 캐릭터와 함께 동생에게 생일 선물을 주기도 했고요."

철수 엄마의 결정은 철수의 삶에 엄청난 변화를 가져왔어요. 자유롭게 쓸 수 있는 시간이 주어지니 자발적으로 책을 읽고 그림을 그리기도 했고, 자기가 수학을 좋아한다는 것도 알게 되었죠. 철수 엄마는 아이의 일상을 무언가로 채우기보다는 어느 정도 비우고 여유 공간을 만들었을 때 더 큰 창의력이 발휘된다는 것을 두 눈으로 확인할 수 있었어요.

철수 엄마의 경험에서 알 수 있듯, 아이의 창의력과 독립성을 키워주고 자기발견을 할 수 있도록 돕는 것이야말로 진정한 교육이라고 할 수 있어요. 아이들이 스스로 의사를 결정하는 것이 중요하다는 사실을 이해하고 자유로운 탐색 기회를 열어 준다면 유대감 강화는 물론 아이가 올바르게 성장하도록 이끌 수 있을 거예요.

학습 격차로 지친 수빈이의 일상

코로나19 대유행이 예상보다 길어지던 동안에는 아이들의 감성 교육도 고장 난 시계처럼 멈춰 있었어요. 생활 패턴에도 변화가 생기면서 아이들 간의 격차도 점점 커지기 시작했죠. 어휘력이 뛰어났던 수빈이는 미술수업을 좋아했지만 결국 학원을 그만두게 되었어요. 수빈이 엄마는 크게 세 가지 이유를 들었어요.

첫째는 코로나19로 생활 패턴이 불규칙해진 수빈이가 일상을 좀처럼 회복하지 못하고 있어 쉴 필요가 있다는 것이었죠. 둘째는 감염 우려가 있어 학원을 보내기 조심스럽다는 것이었고, 셋째는 학교의 미술 수업과 과제가 줄어들었고 대회도 당분간 열리지 않으니 필요성을 느끼지 못한다는 이유였어요.

그러던 어느 날, 미술 재료를 사러 가는 길에 이제는 초등학생이 된 수빈이를 우연히 만났어요. 마스크를 썼지만 수빈이는 저를 단번에 알아봤고, 저 역시 마찬가지였어요. 반가운 마음에 우리는 서로 부둥켜안고 안부를 물었죠.

"우리 수빈이, 벌써 1학년이네? 선생님이 축하해 줬어야 했는데 코로나 때문에……. 미안해. 잘 지냈어? 학교 온라인 수업은 잘 듣고 있어? 같이 미술공부를 못해서 선생님은 너무 아쉬운데, 이렇게라도 얼굴 보니까 반갑네! 키도 많이 컸고 의젓해졌네."

"선생님, 너무 보고 싶었어요. 미술학원 다시 다니고 싶은데 엄마가 미술은 유치원 때 이미 했고, 학교에서도 미술 수업이 적으니까 독서학원에 가라고 해서 다니고 있어요."

"나중에 시간 될 때 다시 만나면 되지!"

"엄마는 저보고 공부해야 한대요. 예빈이보다 진도가 느리대요. 배우는 게 많아서 힘들고, 아무도 선생님처럼 내 얘기를 들어 주지 않아요. 자꾸 그냥 하라고만 해요. 숙제도 엄청 많아요. 예전으로 돌아가고 싶어요."

여덟 살 수빈이가 어떻게 생활하는지 들을 수 있었고, 재잘거리는 수다도 재미있게 들었어요. 그리고 다시 만나자고 기약하며 학원으로 가는 수빈이의 뒷모습을 지켜봤죠. 그러다가 문득 수빈이 엄마의 생각을 읽을 수 있었어요.

'학습 격차가 걱정되니 코로나 와중에도 공부학원은 보내시는구나.'

미술학원을 그만둔 이유 중 세 번째가 가장 큰 영향을 미쳤던 거겠죠. 그렇다면 지금 남아 있는 원생은 미술을 그저 수단으로 생각하기보다는 미술이 주는 가치를 몸으로 느낀 아이들이 아닐까 하는 생각이 들었어요. 그렇게 저는 공부 머리를 형성하기 전, 아이들의 뇌세포를 그림으로 자극하는 미술 교육의 중요성을 다시 한번 상기했습니다. 아이들의 감성 교육과 마음 면역을 길러 주는 미술이 코로나19로 인해 일상이 멈춘 이런 시기에 더욱 필요한 교육이라는 것도 다시 한번 깨닫게 되었죠.

수빈이의 이야기를 한 이유는 9세 이전 아이들에게 미술은 앞으로 세상을 살아가는 데에 마음 면역을 기르는 하나의 영역으로 자리 잡았으면 하는 바람 때문이에요. 체력이 밑바탕이 되어야 공부할 힘이 생기는 것처럼 미술의 이런 역할도 아이들에게 필요한 시대가 되었으니까요.

감성 교육의 호소력과 소통이 필요한 시대라고들 하죠. 이럴 때일수록 마음의 근육을 단단히 키워야 공부뿐 아니라 더 많은 어려움과 시련이 있을 때 아이들은 스스로 문제를 해결해 나갈 수 있을 거예요. 부모들이 예체능 교육을 시키는 목적과 방향이 바로 여기에 있다고 저는 생각해요.

엄마, 내 그림 버리지 마!

그림은 일기를 쓰는 또 다른 방법입니다.

– 파블로 피카소

아이들이 학원에서 멋지게 만들고 집에 가져간 작품이 지금은 어디에 있는지 궁금할 때가 있어요. 그리고 아이들에게 물어보면 보관할 곳이 마땅치 않아 엄마가 버렸다는 대답이 돌아오곤 해요.

"유빈아, 저번에 그린 그림 어디에 두었어?"

"엄마가 버렸어요."

물론 아이가 학교나 학원에서 가져온 결과물을 모두 보관하는 것은 현실적으로 어렵죠. 하지만 아이들과 이야기를 하다 보면 속상한 마음이 드는 것은 어쩔 수가 없어요. 저는 최소한 아이가 그림이나 글로 표현한 것은 절대 버리지 말아야 한다고 생각해요. 아이의 거짓 없는 마음이 온전히 담겨 있기 때문이에요. 아이가 스스로 글과 그림으로 작성한 '성장 보고서'이자, 훗날 제자리걸음을 하거나 지쳐 그만두고 싶을 때 다시 일어나

앞으로 나아가게 하는 원동력이 되기도 하죠.

아이들의 사진을 SNS에 게시하며 추억을 간직하려는 부모는 요즘 많이 볼 수 있어요. 컴퓨터나 외장 하드디스크에 아이들의 사진을 차곡차곡 모아 두기도 하죠. 소중한 내 아이의 성장과정이 잘 담겨 있기 때문일 거예요. 부모는 사진을 통해 아이의 성장을 보며 위안을 받지만, 아이는 자기 작품에 녹아 있는 생각이나 경험을 통해 지혜와 힘을 얻어요. 그렇기에 내 아이에게 좋은 부모가 되고 싶다면 더더욱 버리지 말아야 한다고 생각해요.

집에 아이의 그림 기록을 보관하는 방법: '질문 그림일기' 노트 만들기

그림일기는 아이가 일상의 경험, 생각, 감정을 재미있고 창의적으로 기록하는 훌륭한 수단이에요. '질문 그림일기'는 아이들이 흥미를 느낄 만한 질문을 던지며 예술적 스토리텔링에 영감을 줄 수 있어요. 아래 내용을 참고해서 아이들이 일상을 기록하고 창의성을 발휘하도록 도와주세요.

1. 질문 그림일기 소개하기: 아이에게 질문 그림일기의 개념을 소개하는 순서예요. 그림과 이야기를 통해 질문에 답하는 특별한 일기라고 설명하며 일상의 경험과 감정을 기억하는 독특한 방법임을 강조해 주세요.
2. 일일 기록 장려하기: 아이가 질문 그림일기를 매일 그리도록 독려해 주세요. 미리 준비된 질문 세트에서 질문을 선택할 수도 있고, 아이가 스스로 질문을 생각해 내도 좋아요. 가장 기억에 남는 순간, 감정, 활동은 물론, 관심 있는 모든 것에 관한 어떤 질문이든 괜찮아요.
3. 미술용품 제공: 색연필, 마커, 크레용, 도화지 등 다양한 미술용품을 쉽게 접할 수 있도록 해 주세요. 아이가 가장 좋아하는 재료를 선택해 그림일기를 그리면 돼요.

4. 그림을 통한 스토리텔링: 아이가 그림을 통해 이야기를 하도록 격려해 주세요. 그림으로 이야기를 표현하는 것은 아이의 생각과 감정을 풍요롭게 하고, 어떻게 표현할지 생각하는 과정에서 창의력과 상상력이 크게 성장할 수 있어요.

5. 그림 보존: 아이의 그림이 소중하며 간직할 가치가 있음을 명확히 인식하게 해 주세요. 별도의 파일철이나 화집에 그림을 보관할 수 있도록 하고, 양이 많아졌다고 부모님이 버리셔도 안 돼요. 그림 하나하나가 아이의 성장과 경험의 소중한 흔적이고 기록이니까요.

6. 반성 및 공유: 시간이 흐른 뒤 가끔 아이와 함께 그림일기를 꺼내어 당시의 기억을 떠올려 보세요. 그림에 담긴 이야기를 공유하며 아이의 예술적 성취를 칭찬하면 자존감도 높아질 거예요.

질문 그림일기는 아이의 그림을 소중히 보관할 수 있는 방법인 동시에 다양한 긍정적 효과를 기대할 수 있어요. 꾸준히 질문 그림일기를 그리다 보면 관찰력, 미적 감각, 언어 능력, 표현력이 길러져요. 이 과정에서 얻은 성취감은 자신감 상승으로도 이어지죠.

저는 아이들의 그림을 모아 한데 묶어 돌려줘요. 그렇게 많은 '어린이 예술 에세이'를 모을 수 있었죠. 아이들의 그림에 담긴 이야기를 읽는 것은 굉장히 훈훈한 일이에요. 그림의 숨은 의미를 뒤늦게 깨닫기도 하고, 끝내 아이들의 마음을 이해하지 못해 미안한 감정이 들 때도 있어요. 이런 경험을 바탕으로 아이들 개인의 필요에 맞춰 교수법을 수정, 보완하기 위해 연구하고 있어요.

그림에는 아이들의 진심이 담겨 있다고 생각해요. 그렇기에 그림을 더 소중히 여기게 되더라고요. 아이들의 그림을 모아 묶은 것을 진정한 의미의 '책'이라고 할 수는 없겠지만, 그 가치가 달라지지는 않아요.

　어린 시절의 그림과 글을 모아 놓지 않은 것이 조금 아쉽기도 해요. 만약 그때로 돌아갈 수 있다면 전부 잘 보관하기 위해 노력할 것 같아요. 마음이 지치고 힘들 때 꺼내 보면서 '어린 시절의 나'와 다시 조우하는 것도 꽤 의미 있는 경험이겠죠.

제2부

우리 아이에게
행복을 가져다주는
'비우는 시간'

그림을 그리려고 마음먹는 순간,

너만의 새로운 우주를 창조할 수 있단다.

너만의 우주를 펼쳐 보렴.

- 행복을 그리는 화가, 에바 알머슨

행복을 그리는 화가 에바 알머슨은 40여 년 전 초등학교 선생님의 조언 덕분에 말이 아닌 그림으로 자신의 생각을 보여 주는 방법을 알게 되었다고 해요. 그리고 전시를 준비할 때마다 그림의 도구나 재료에 관한 설명은 모두 빼 달라고 요청하며 오로지 '행복'에 관한 이야기만 채우기를 원했어요. 에바는 소소한 행복을 달콤하게 표현하는 것만으로도 행복해진다며 특유의 감성으로 편안하면서도 사랑스럽게 인물들을 표현하죠.

알머슨은 작품에 복잡한 이야기나 상징적인 도상을 담지 않아요. 오히려 간단하고 담백한 화면을 통해 일상을 보여 주려 하죠. 그녀의 작품은 삶의 이야기를 무겁지 않게 전달하며 사랑, 신뢰, 믿음, 휴식과 같은 가치를 돌아보게 만들어요. 간결한 화면에 자기 일상을 대입하며 상상의 나래를 펼치게 만들기도 하고요. 그녀의 작품은 남녀노소를 가리지 않고 많은 사람에게 사랑받고 있으며, '삶의 행복과 사랑', '동심을 일깨우는 회화'와 같은 수식어가 따라붙어요.

우리 아이들이 에바처럼 행복한 마음으로 살아간다면 얼마나 좋을까요?

제3장

탐색의 시간: 9세 이전 아이들에게 미술이 필요한 이유를 발견하다

스물여섯, 미술 교육원을 창업하다

학창 시절, 저는 사교육을 받아 가며 치열한 입시 경쟁을 치렀어요. 원하는 대학에 입학해야만 정말 '나답게' 살 수 있을 거라고 생각했죠. 그런데 고등학교 2학년 무렵 실패감과 좌절을 맛보게 되었어요. 목표만 바라보며 달리던 저에게는 굉장히 힘든 시기였어요.

그러던 어느 날, 미술 시간에 붓 대신 나이프로 그림에 색을 입히는 저만의 채색법을 터득하게 됐어요. 그리고 제 고민과 생각을 그림에 담아 보기로 했죠. 선생님은 완성된 그림을 보시더니 놀라워하며 따뜻한 말로 저를 격려해 주셨어요. 저는 이 일을 계기로 미술 교육에 관심을 갖게 되었고, 결국 사범대학에 진학했어요. 어린이 미술 강사로 일하며 아동 미술 교육을 일찌감치 경험하기도 했고요.

본격적으로 아이들을 가르치기 시작한 뒤로는 매일이 행복했어요. 미술을 통해 아이들의 예술적 탐구를 지원하면서 큰 성취감도 느꼈어요. 그런데 30대에 접어들면서 회의감이 들기 시작했어요. 아이들이 공부 압박을 느끼면서 미술에 대한 열정을 잃어 갔고, 미술을 통해 자기를 표현하는 데에 제약을 받는 모습들이 여실히 보였거든요. 이때부터 저는 미술 교육의 진정한 목적이 무엇인지, 그리고 어떻게 아이들 삶에 미술이 지속해서 좋은 영향을 줄 수 있을지 고민하기 시작했어요.

저의 목표는 예술 교육이 창의력과 자기표현 능력, 기쁨을 키우는 플랫폼으로 기능할 수 있게 하는 거예요. 아이들이 특정 주제나 구조에 얽매이지 않고 자유롭게 상상력을 발휘하게 도와주고 싶었죠. 이 목표를 토대로 예술 교육에 대한 접근법을 재구성하고 나니 제 일에 대한 기대감이 다시 생겨났어요. 아이들에게 의미 있고 만족스러운 경험을 안겨 줄 수 있겠다는 생각이 들었거든요.

시행착오적 성공

처음에는 딱히 프로그램이나 시스템을 구축하지 않은 채 일반적인 미술 교과서로 지도했어요. 그러다 보니 학교의 미술 과제, 미술 대회 입상을 우선시하는 학부모님들의 요구에 수동적으로 따라갈 수밖에 없었죠. 결국 아이들의 내적 성장보다는 결과만을 강조하는 미술 교육을 하고 있는 저를 발견했어요. 내가 가르치는 아이들이 미술을 배우면서 오히려 미술에 관심을 잃고 있다는 것을 깨닫고는 불안과 부끄러움이 느껴졌어요.

저는 주로 5~9세 아이들을 가르쳤어요. 이 시기 아이들의 발전을 기다리기는 꽤 힘들었어요. 수업 중에 아이가 전혀 움직이지 않으면 불안해지기도 했고, 시간이 흐를수록 저의 예술 교육에 대한 회의감이 점점 커졌어요.

역설적이게도, 학원 운영은 굉장히 성공적이었어요. 매일 아침 10시부터 밤 10시까지 아이들을 가르치느라 식사도 제때 챙기지 못할 정도였으니까요. 그럴수록 고민은 더욱 깊어졌고, 지금 겪는 것이 시행착오라면 이것을 바탕으로 아이들이 더 나은 방향의 미술 교육을 경험하게 하고 싶어졌어요.

억지로 배우는 교육은 그만하고 싶어요

새로운 방식의 미술 교육을 고민한 끝에 고안한 것이 '아트에세이 커리큘럼' 과정이었어요. 엄격한 커리큘럼보다는 아이들의 창의력과 개성을 키우고 자기만의 길을 찾도록 도와줄 필요성이 있다고 생각했거든요. 성장과 발달에도 중요하고, 자유롭고 즐겁게 예술을 탐구하기에도 최적의 시기에 있는 아이들이 창의적 방법으로 자기를 표현하는 기회를 만들어 주고 싶었어요. 그렇게 미술 교육을 진행한 지 어느덧 16년이라는 시간이 흘렀고, 저는 이 접근법이 아이들의 꿈을 키우고 삶의 균형을 이루는 데에 도움이 된다는 확실한 믿음을 갖게 되었어요.

결과물이 없는 시간의 소중함

과정 중심의 미술은 모든 연령대의 아이들에게 적합한 교육 방식이에요. 하지만 나이가 어릴수록 그 교육은 더욱 효과적이죠. 아이들의 발달 단계를 이해하면 맞춤형 미술 놀이를 계획하는 데에도 도움이 돼요. 이때 기억해야 할 점이 있어요. 모든 아이는 각자의 개성이 있고, 연령이나 성별이 같더라도 미술에 접근하는 방식이나 좋아하는 활동은 다르다는 사실이에요.

눈에 보이는 결과물이 없으면 엄마들은 불안해지죠. 그 시간을 견디는 것 자체를 힘들어하기도 하고요. 하지만 '생각'이라는 씨앗을 뿌리기 가장 좋은 나이가 바로 여섯 살이고, 그 씨앗이 싹을 틔우고 꽃을 피우기까지는 충분한 시간이 필요해요.

저는 아이가 여섯 살 때부터 생각을 자유롭게 표현하는 과정을 진행해요. 먼저 자기 생각을 그림으로 표현하게 하고, 시각적 자료를 통해 대상을 눈으로 관찰해 재구성한 뒤에 다양한 미술 기법을 적용해 그림을 완성하게 하는 방식이죠.

첫 수업은 주제에 대한 스토리텔링(생각 확장) → 키워드 도출 및 질문 (생각의 구체화) → 아이디어 스케치로 구성 및 표현법 탐구 → 관찰 드로잉과 표현기법 경험의 순서로 진행돼요. 이야기를 만드는 단계인 만큼 '짠' 하고 작품이 나오지는 않아요. 바로 '보이는 결과물이 없는 시간'이죠.

하지만 아이들의 집중력이 가장 높아지는 시간이기도 해요. 다들 각자의 그림 실력과는 무관하게 나만의 일상의 이야기를 구성하느라 여념이 없죠. 주제는 하나를 던져 줬지만, 아이들은 각자의 경험과 상상을 '주도적'으로 표현해 나가요.

　　과정부터 중심에 '나'가 있어야 결과도 나의 것이 될 수 있어요. 누구나 자기만의 개성, 장점, 색깔이 있어요. 다른 사람을 따라 하지 않고 나만의 것을 창출하는 방법을 배우는 '과정 중심의 수업'을 통해 아이들은 각자의 어린 시절을 기록하고 있어요.

시각적 문해력을 키우는 스웨덴 노작 교육

스웨덴의 노작 교육은 오랜 전통을 갖고 있어요. 유치원 때부터 놀이, 노작, 수면, 식사, 음악, 미술을 통한 자기표현 교육을 중시하죠. 스웨덴 교육의 근본은 '학습'이라는 단어가 생기기 전부터 인류가 오랫동안 해 왔고 즐겨 왔던 것들로 이루어져 있어요. 척박한 땅에서 자급자족하기 위해 부지런히 손을 사용했고, 그로 인해 두뇌 발달과 학업 성취도 향상이라는 성과를 낼 수 있었어요.

스웨덴 노작 교육은 아이들의 손에 주목해요. '아는 만큼 보이기에 삶의 기술을 배운 아이들은 원하는 것을 스스로 찾아내고 창조할 줄 아는 적극적인 성인으로 성장할 수 있다.'라는 믿음이 그 근간을 이루고 있죠.

제가 지향하는 바도 스웨덴 노작 교육의 철학과 일치해요. 자유로운 사고로 두뇌를 깨우는 스웨덴의 노작 교육은 오늘날 우리 아이들에게 필요한 미술 교육 방향이 무엇인지도 잘 제시해 주고 있다고 생각해요.

21세기의 경쟁력은 '시각적 문해력(Visual literacy)'에 있다고 해요. 그 때문인지 보는 능력, 보고 느끼는 감수성이 굉장히 중요한 요소로 떠올랐죠. 이런 능력은 어릴 때부터 놀이처럼 친근하게 미술을 접하고 많은 상상을 하면서 발달시킬 수 있어요. 단순히 보고 느끼는 것을 넘어 하나의 이미지를 자기만의 방식으로 읽고 해석하는 능력을 갖추게 되는 거예요.

4~7세 아이들은 자기 생각대로 자유롭게 그림을 그려요. 연필이나 재료를 다루는 소근육이 아직 충분히 발달하지 않았고, 신체의 협응 능력이 부족한 어린 시기에는 완전한 형태의 그림을 완성하지 못해요. 하지만 5~7세 정도가 되면 확실한 윤곽을 가진 그림을 만들 수 있게 되죠. 이때 부모들은 아이가 제대로 자기표현을 하고 있는지 주의 깊게 살펴야 해요. 발달 속도와는 무관하게 말이죠. 그리고 크레파스, 물감, 다양한 재질의 종이, 점토 등 여러 재료를 활용하도록 유도하면 좋아요. 칠하기, 오리기, 붙이기, 긁기 등 여러 방법을 그림에 적용하면서 결과물보다는 그리는 '과정' 자체를 즐기게 도와주세요.

아이들은 마음껏 뛰놀고 자유롭게 행동하면서 표현 능력을 길러요. 펜이나 연필 외에도 색연필, 물감 등 다양한 도구로 생각과 사물을 표현해 보게 하고, 각각의 차이를 스스로 느낄 수 있도록 해야 해요. 종이를 찢어 붙이거나 모래로 그림을 그리는 것도 좋은 방법이에요. 아이가 미술에 흥미를 보인다면 전문가 선생님에게 본격적으로 그림을 배우게 해도 좋아요.

소재를 정할 때도 아이와 의논하거나 일상과 직접적 연관이 있는 것을 선택해야 해요. 그림을 완성한 뒤에는 어른의 기준에 맞춰 평가하거나 수정하기보다는 아이가 그림을 어떻게 설명하는지 경청하고 칭찬과 격려를 통해 자신감을 길러 주세요. 완성한 그림을 아이만의 언어로 기록하게 하면 성취감을 느끼는 데에도 큰 도움이 돼요. 이것이 바로 '시각적 문해력을 높이는 미술'의 지도 방식이에요.

'비우는 시간'을 활용하는 특별한 미술 수업

저의 스토리텔링 예술 교육 방식은 외국 아이들의 표현 습관을 관찰하고 경험한 데에서 비롯되었어요. 외국에서는 아이들의 공부 머리가 형성되기 전에 그림을 비롯한 다양한 예술을 통해 자신을 표현하는 습관을 길러 주곤 해요. 아이들은 상상에서 시작해 지식을 습득하는 과정을 즐기게 되고, 결국 올바른 학습 습관으로 이어지죠.

독창적인 예술적 표현과 기록을 통해 성취감을 느낌으로써 공부 머리가 형성되는 것인데, 우리나라와는 상당히 차별화되는 모습임을 알 수 있어요. 보통 우리나라의 부모는 아이가 관심 있는 분야나 아이디어를 탐구하게 하기보다는 정해진 커리큘럼을 충실히 따르며 목표를 달성하는 데에 초점을 맞추고 있으니까요.

그간의 미술 교육을 통해 저는 아이들이 성취감을 느낄 수 있도록 하는 커리큘럼의 중요성을 깨달았어요. 예술적 탐구와 자기표현의 과정에서 얻은 성취감이 시각적 문해력 향상과 공부 머리 형성에 큰 영향을 미친다는 사실을 경험을 통해 알게 되었죠.

이 여정을 통해 아이들만 성장한 것은 아니었어요. 교육자인 저 역시도 아이들과 함께 성장해 왔더라고요. 이런 일련의 긍정적인 영향력을 보고 겪으면서 저의 지식과 교육 방식을 다른 부모와 교육자에게 공유하고 싶다는 생각을 하게 됐어요.

아이들에게 작은 성취를 선물하는 스토리텔링 미술 교육 접근법을 적용한 아트에세이 과정은 예술적 도전을 통해 공부 머리를 만드는 확실한 방법을 제공해요. 9세 이전 아이들이 비어 있는 시간을 만나고 스스로 탐색하게 하는 거죠. 그렇게 자기를 정확하게 표현할 수 있게 되면 앞으로 있을 교육 여정에 필요한 기술과 자신감도 기를 수 있다고 믿고 있어요.

저의 교육법은 아이의 자기표현을 중시하고 자기 탐구를 장려해요. 그리고 예술과 스토리텔링을 통해 아이들의 성취감을 북돋우는 환경을 만드는 데에 초점을 맞추죠. 커리큘럼에도 이런 철학을 반영해, 아이들이 예술과 학문 두 분야에서 자신감 있고 창의적이며 성공적인 학습자로 성장할 수 있도록 지원하고 있어요.

흔히 아이들의 교육 여정을 마라톤에 비유하곤 해요. 초등학교에서 중, 고등학교를 지나 '대학 입시'라는 최종전에 이르기까지 12년이라는 긴 세월이 걸리기 때문이겠죠. 하지만 여기서 질문을 하나 던져 볼 필요가 있어요.

이 마라톤에서 '어린 시절'은 어디에 있을까요?

'어린 시절'은 과연 어떤 순간이며 어떤 의미일까요?

저는 아이가 '무엇을 해야 할지, 무엇을 기대하는지도 모른 채 엄마의 손을 잡고 경기장에 들어서는 순간'이라고 생각해요. 아이의 눈에 비친 경기장의 모습과 분위기는 이 대회의 첫인상을 결정하는 데에 중요한 역할을 해요. 신나는 음악과 해맑게 웃는 사람들, 맛있는 음식과 화려한 장식 등 설렘과 기대감을 자아내는 풍경이라면 아이는 자연스럽게 구경꾼이 아니라 자발적인 참여자로 거듭나요. 스스로 등 번호를 달고 운동화 끈을 묶은 뒤, 준비운동을 하며 이 긴 여정을 떠날 준비를 하는 거예요.

반면 경기장 분위기를 채 파악하기도 전에 출발선에 서게 된다면 어떨까요? 부모들은 아이가 왜 달려야 하는지, 얼마나 가야 하는지 충분한 정보를 주지 않은 채 그저 달리라고 재촉만 할 뿐이에요. 영문도 모른 채 얼떨떨한 표정을 짓고 있는 아이의 등을 떠밀며 빨리 출발하라고 강요하기 바쁘죠.

이 두 아이들은 어떤 앞날을 맞이하게 될까요? 처음 100미터 정도는 부모의 재촉에 떠밀린 아이가 앞서 나갈 수 있을 거예요. 하지만 결승선이 불확실한 장거리 경주에서 계속 앞설 수는 없는 노릇이죠. 시간이 지날수록 충분히 준비가 되지 않은 몸에는 과부하가 걸리고, 달려야 할 동기부여가 되지 않은 아이는 점차 흥미와 기력을 잃을 수밖에 없어요. 애초에 달리기 시작한 이유가 무엇인지도 잊고 다리를 멈추게 될지도 몰라요.

우리는 아이들이 각자의 속도에 맞춰 관심사를 탐색할 수 있도록 충분한 시간과 공간을 마련해 줘야 해요. 무턱대고 서두르면 아이에게는 좌절과 무관심밖에 남지 않을 거예요. 자유롭게 예술을 탐구하고 창의적으로 표현할 수 있는 환경을 제공하면 아이들은 자기만의 고유한 여정을 구축하게 돼요. 엄마의 손을 잡고 당당하게 경기장에 들어서는 아이처럼 말이죠. 무작정 빨리, 앞서가야 한다고만 강조하면 아이는 결국 고꾸라질 수밖에 없어요.

학업 외 시간의 중요성과 미술 교육

유아기에는 뇌가 빠르게 발달하는 만큼 학습 능력을 형성하는 데에도 중대한 영향을 미쳐요. 저는 10년 이상의 시간을 들여 아이들이 이 시기에 어떻게 성장하고 발달하는지 연구했어요. 다만, 초기 아동기에 해당하는 유아기는 전 생애의 일부에 불과하다는 사실은 반드시 기억해야 해요.

부모와 교육자는 아이들의 삶 전체에 대한 명확한 비전을 가지고 있어야 해요. 앞으로 아이들이 나아갈 길과 과제를 잘 이해하고 있으면 아이들을 잘 이끌어 갈 수 있어요. 격려해야 할 때, 지원해야 할 때, 성찰의 시간을 줘야 할 때를 명확히 구분한다면 아이가 불필요하게 힘을 쓰고 정작 결과가 나오지는 않는 불행한 상황을 미연에 방지할 수 있어요.

저는 정체성이 확립되는 유년기에 아이들이 스스로 자기를 발견하고 성취해 나가도록 하는 '창의력 미술 프로그램'을 만들고 싶었어요. 교육하고자 하는 연령대의 아이들에게 미술이 주는 가치가 분명히 있다는 것을 알게 되었으니까요.

우리는 말과 글을 통해 생활하며 맞닥뜨리는 여러 사건, 요청 등 일련의 사건들에 대한 다양한 감정을 표현하죠. 하지만 아동은 이런 언어적 의사소통을 유창하게 할 수 없기 때문에 낙서나 그림을 통해 내면의 문제나 갈등, 느낌 등을 표현해요. 즉, 미술 활동을 할 때 대상을 객관적으로 바라보기보다는 흥미, 경험에 기반한 주관적 느낌이나 판단을 드러내는 것이죠.

그렇기에 아동에게 미술 활동은 하나의 놀이이며, 감정이나 욕구를 분출하고 정서적 안정감을 주는 수단이라고 할 수 있어요. 단순히 그림 기술을 익히는 목적만 추구하기보다는 자기 주도적인 다양한 표현 활동을 해야 아이들의 상상력과 자립심을 키워 줄 수 있다는 의미예요.

삶의 수수께끼가 도저히 풀리지 않던 시절, 이제는 한계에 부딪혔다고 생각했던 시절에 저는 한 6살짜리 아이를 만났어요. 그리고 모든 것을 내려놓고 아이와 질문을 나누며 그림을 그리기 시작했죠. 풀고 싶지만 풀 수 없던 문제들을 아이들의 눈높이에서 보기 시작하면서 나를 비우는 시간을 가졌고, 저의 유년 시절을 회상해 보게 되었어요.

제가 스스로를 발견하는 과정에는 '그림'이 있었고, 그림을 통해 성장해 왔다는 것을 깨달았죠. 그리고 그 성취의 시간이 있었기에 지금 아이들과 미술을 통해 대화할 수 있다는 사실을 그 여섯 살 아이가 알려 주었어요.

그 아이가 그림을 그리는 목적도 저와 같았어요. 그렇게 저는 미술 교육에 대한 희망을 볼 수 있었어요. 자기만의 고유한 표현력을 기르고 감성 체력을 증진하는 수단으로 미술이 기능한다면 아이들은 각자의 강점을 발견하며 자기만의 길을 찾을 수 있을 거예요. 사회 전체적으로도 다채롭고 다양한 콘텐츠가 어우러진 공동체로 거듭날 수 있겠죠.

지금 우리 사회는 어떤가요? '실적'과 '대학'이라는 틀에 아이들을 밀어

넣고 있지는 않나요? 채우는 교육을 강요하고 여기서 살아남는 것이 최선인 것처럼 아이들을 몰아세우고 있지는 않나요?

아이들의 불행은 여섯 살 무렵부터 이미 시작되고 있어요. 저는 이 불행을 조금이라도 늦추기 위해, 조금이라도 덜 느끼게 하기 위해 아이들의 입장에서 교육해야 한다고 판단했어요. 그리고 제 생각을, 교육 철학을 부모님께 알려 드리고 있죠.

비우는 시간을 만나게 해 달라고, 그리고 비우는 시간을 통해 아이가 자기만의 표현력과 감성 체력을 기를 시간을 갖게 해 달라고요. 이 책을 쓴 것도 같은 이유예요.

> 재능을 발견하려면 어릴 때부터 많이 놀고, 많은 경험을 하고,
> 자기 반성의 시간을 가져야 한다.

이 말은 미술 교육에도 똑같이 적용돼요. 스웨덴의 교육 시스템에서는 학생과 교사가 협력해 목표를 설정하고 진행 상황을 논의하죠. 이런 방법을 통해 아이들은 창의적으로 자기를 표현할 수 있는 다양한 경험을 하며 취미를 탐색하며 많은 이점을 얻어요.

교육이 진행되면서 아이들은 선택의 순간에 직면해요. 우리나라에서도 중학교 자유학기제*가 도입되면서 학생들이 자기 관심사와 재능을 탐색

---

* 한 학기 동안 토론, 실습 등 참여형 수업을 진행하며 학생들이 시험 부담에서 벗어나 꿈과 끼를 찾을 수 있도록 하는 제도. 교육 과정을 유연하게 운영하며 진로 탐색 등 다양한 체험 활동을 경험하게 한다. 아일랜드의 전 학년제(고등학교 입학 전 1년 동안 학생이 여유를 갖고 미래를 설

하는 기회를 얻게 되었죠. 학업의 격차를 더 벌리게 될 수 있다는 우려도 있지만, 무작정 자유를 준다기보다는 자율적으로 시간을 보낼 기회를 주는 제도라고 받아들이면 좋을 것 같아요. 이 기간에 정서적 발달과 내적 힘을 기르는 수단으로 예술 교육을 활용하는 것은 필수적이에요. 아이들이 자기 진로를 설계하는 데에 큰 도움을 줄 수 있기 때문이에요.

부모들은 자녀가 학업 이외에 하나 이상의 취미를 갖도록 지원하는 것이 좋아요. 아이들은 관심 있는 활동을 할 때 그간 축적한 감정을 발산해요. 이 과정에서 유연한 사고력을 기르고 자기 관점을 점검하면서 개인적인 성장을 이룰 수 있어요.

'공부 외의 시간을 어떻게 활용해야 할까?'라는 질문에 대한 답은 의외로 간단해요. 아이들이 원하는 것을 배우게 하고, 다양한 활동을 할 수 있도록 지원하면 됩니다. 아이들은 여러 시도를 통해 자기가 원하는 것을 찾을 수 있어요. 부모와 교육자의 역할은 아이가 스스로 발견할 수 있도록 지켜보며 지원하고 격려해 주는 것이죠.

계할 수 있도록 운영되는 제도)를 모델로 한다. -교육부 〈자유학기제〉 자료 참고.

'비우는 시간'과 학업 성취의 관계

얼마 전, 한국예술종합대학과 이화여대에 최종 합격한 제자에게 연락을 받았어요. 매년 2월이 되면 저와 오랫동안 미술 수업을 한 아이들이 대학 합격 소식을 전해 주곤 해요. 예술 관련 전공을 선택한 아이들도 있고, 그렇지 않은 아이들도 있죠. 하지만 아이들이 원하는 대학에 합격했다는 소식을 들으면 전공이 무엇이든 굉장히 보람찬 마음이 들어요.

오롯이 자기만의 방법으로 목표를 향해 걸어가는 아이들에게는 공통점이 있어요. 유치원 시절부터 열두 살 무렵까지 부모님에게서 정서에 관련된 표현 활동 교육을 꾸준히 받았다는 점이에요. 그리고 부모님은 일관성 있게 아이를 믿고 지켜보며 선생님을 적극적으로 지지하고 신뢰하죠.

예체능 교육이 '버려지는 시간'이라는 인식이 사회 전반에 꽤 만연해 있는 듯해요. 이 관점을 살짝 바꿔 보면 어떨까요? 버려지는 시간이 아니라, '비우는 시간'이라고 생각하는 거죠. 학습과 무관한 자유 시간에 운동, 게임, 사색 등 다양한 취미생활을 하며 머리를 비우는 거예요.

최근 연구에 따르면 비우는 시간과 학업 성취 간에 유의미한 상관관계가 있다고 해요. 지속적인 학습과 꾸준한 노력이 학업 성과를 내는 데에 필수적이라는 사실은 당연하게 여겨지고 있죠. 하지만 적절한 휴식과 뇌를 '새로고침'하는 시간도 굉장히 중요해요.

학습과 관련된 정보를 처리하고 저장하는 뇌는 쉬지 않고 활동해요. 그렇지만 효과적인 학습을 위해서는 적절한 휴식과 회복도 필요해요. '비우는 시간'은 뇌가 쉴 시간을 주며, 아이들이 휴식하고 재충전할 기회가 돼요. 잘 비우는 것은 새로운 아이디어와 창의적인 해결책을 찾아내는 가능성을 높여 주죠.

비우는 시간은 스트레스와 불안을 줄이는 데에도 효과적이에요. 9세 이전에 과도한 학습이 이루어지면 아이는 스트레스를 받아요. 이 스트레스는 학습에 부정적인 영향을 미치기도 하고, 아이가 능력을 온전히 발휘하지 못하게 하는 등 악영향을 미치죠. 그렇기에 비우는 시간은 공부 능률뿐 아니라 전반적인 건강 관리와 웰빙에도 필요한 요소라고 할 수 있어요.

집중력 향상에도 비우는 시간은 중요해요. 연구에 따르면 학습과 휴식이 적절한 균형을 이룰 때 집중력이 높아진다고 해요. 집중력이 개선되면 자연히 학습 효율도 향상되겠죠.

마지막으로, 아이들은 비우는 시간을 통해 자기 자신을 더 잘 이해하게 돼요. 자기를 잘 이해하게 되면 자신감이 고취되고 자기표현력도 좋아질 수 있죠.

부모는 버려지는 시간이라고 생각하지만, 정작 아이에게는 감성 체력을 기르는 시간이 되죠. 어떤 아이들은 초등학교에 입학하는 것과 동시에 주 5일 내내 영어와 수학에 집중해요. 하지만 저와 꾸준히 소통한 부모님들은 이런 과목도 흥미로운 놀이를 하듯 접근했어요. 그리고 적어도 초등학교 저학년 때까지는 적극적으로 예체능 교육, 즉 비인지적 예술 교육을 시켰어요. 아이가 취미 하나 정도는 갖게 하는 동시에 앞으로 더 늘어날 공부의 양과 시간에 대비한 내적 체력을 길러 준 것이죠. 그리고 아이가 긍정적인 마음가짐으로 그 부담을 감당하고 극복하기를 바라셨어요. 이렇게 저와 교육 철학이 잘 맞는 부모님의 자녀는 대학 입시나 취업에서도 좋은 소식을 들려주곤 했죠.

공부는 지성과 이성으로 해내는 분야예요. 하지만 그보다 우선해야 하는 것이 있죠. 바로 '앉아 있는 힘'인데, 이 힘을 가지려면 신체적 체력과 심리적(내적) 체력이 뒷받침되어야 해요. 그래야만 아이는 인내심을 갖고 자기의 목표와 꿈을 향해 성실히 나아갈 수 있고 결국 웃을 수 있어요. 공부를 위한 체력이 길러지지 않은 아이에게 과도하게 학습을 강요하면 아이의 뇌는 망가질 수밖에 없어요.

미술은 아이들이 보이지 않는 힘을 발휘하는 데에 든든한 지원군 같은 역할을 해요. 건물을 짓기 전 설계도를 그리는 것처럼 미술 교육을 통해 공부 머리를 키우기 위한 토대를 마련해 주어야 해요.

제4장

표현의 시간: 시각적 문해력을 키워 주는 스토리텔링 미술

스토리텔링 미술 교육으로
방향을 전환해야 하는 이유

'스토리텔링'에 대한 사회적 관심은 계속해서 높아지고 있어요. 스토리텔링 기법은 이야기가 있는 교육, 이야기가 있는 마케팅, 이야기가 있는 오락/문화 등 다양한 분야에서 활용되죠. 이유는 간단해요. 이야기를 활용하면 쉽게 기억할 수 있기 때문이에요.

'스토리텔링(Storytelling)'이란 어떤 사건을 말이나 그림, 소리 등으로 전달하는 것을 의미해요. 이야기와 이야기를 연결하고 내용에 생동감을 부여하는 능력이라고 할 수 있죠. 사회심리학자 조저 생크는 스토리텔링에 대해 이런 말을 남겼어요.

풍부한 스토리를 가지고 있다는 것은 복잡한 문제를 해결할 수 있는 능력을 갖췄다는 의미다. 앞으로는 이야기를 만드는 능력이 곧 생산력인 사회가 될 것이다.

하지만 이 스토리텔링이라는 용어는 30~40대 학부모가 자녀의 공부 방향을 설정하는 데에 더 어려움을 겪게 하는 요소로 작용해요. 주입식 암기 교육과 입시 위주의 공부법에 익숙하기 때문이에요.

사교육 시장에서는 이런 학부모의 불안을 이용해 스토리텔링이라는 키워드를 접목한 다양한 수업과 학습지를 만들어 내고 책을 사도록 유도해요. 마치 이 수업을 듣지 않거나 이 책을 보지 않으면 수포자가 될 것 같은 느낌으로 불안감을 조장하는 거예요. 사실 중요한 것은 특정 책이나 수업이 아니라 선생님의 이야기를 귀담아듣는 자세와 경험을 통해 흥미를 갖는 것인데 말이죠.

아이가 머릿속에 이야기를 잘 그릴 수 있도록 습관을 들이면 자연히 스토리텔링 능력을 갖추게 돼요. 시각적 요소가 바탕이 되는 미술 교육으로 스토리텔링에 접근하면 아이들의 학습 욕구도 촉진하는 효과가 있죠.

저는 아이들이 경험할 수 있는 최고의 과정이 바로 스토리텔링 미술이라고 믿고 있어요. 아이들이 각자의 현실을 반영한 상상력을 마음껏 발산하도록 하며, 이것들을 정리해 그림으로 표현하는 방향으로 미술 교육을 진행하고 있죠.

'겨울 나무'라는 주제로 그림을 그리는 수업을 한다고 예를 들어 볼게요. 나무를 그리기에 앞서 겨울 나무와 아이의 일상을 연결하면 경험과 상상에서 비롯된 수많은 소재가 쏟아져 나오죠. 그리고 이 소재를 표현한 그림에는 아이들 자신이 온전히 담기게 돼요. 여섯 살부터 자기 그림을 그리고 자기의 이야기를 표현하는 수업을 진행하는 이유도 여기에 있어요.

부모는 아이가 학교 미술 시간에 주어진 주제를 잘 그리고 좋은 평가를 받았으면 하는 마음에 미술학원을 보낼 거예요. 하지만 아이들은 미술학원을 다니면서 자기 생각을 잘 표현하고 멋지게 성장하는 데에 초점을 맞추고 있어요. 현장에서 아이들을 접하면서 이 사실을 체감할 수 있었죠.

그래서 당장 그림을 멋지게 그려 내는 것보다는 아이들이 말을 그림으로 표현할 수 있도록 지도하는 것이 중요하다고 생각해요. 그리고 그림에 자기 자신을 담아낼 줄 아는 어른으로 자랐으면 해요. 아이들의 이야기로 미술 교육을 시작하고, 그 기록을 엮어 나만의 아트에세이로 만드는 과정을 경험하는 것 자체도 큰 의미가 있어요. 성취감을 기르고 자기를 표현하는 데에 자신감을 갖게 되니까요.

과거에는 학벌, 경력 등으로 '나'를 설명했죠. 하지만 이제는 어디서 어떤 경험을 했으며, 내가 어떤 기여를 했고 무엇을 배웠는지를 묻는 추세로 변해 가고 있어요. 앞으로 미술 교육은 단순히 표현, 흥미, 경험의 측면에 국한되지 않고 자기 자신을 브랜딩하고 마케팅할 수 있게 하는 방향으로 나아가야 한다고 생각해요.

창의력 미술 프로그램 〈그라바〉 이야기

보통 자기와 마주하는 시간을 충분히 누린 아이들이 '공부 머리'도 뛰어난 경향이 있어요. 자기와 마주하는 시간은 곧 '비우는 시간'을 의미해요. 아이들이 자기를 표현하기에 앞서 스스로를 이해하는 시간이죠. 9세 이전의 아이들은 비인지적 활동을 통해 언어와 그림으로 생각을 표현해 보며 어떻게 나의 개성을 잘 표현하고 전달할지 깨달을 수 있어요.

그림 그리기는 아이가 가장 편하게 접근할 수 있는 수단이에요. 평범한 일상을 그림으로 기록하면서 자연스럽게 그림에 투영된 자신을 돌아보게 되죠. 아이들은 어른보다 솔직하게 자신의 경험을 이야기하고, 그렇기에 제대로 '나'를 마주하기도 더 좋아요.

여덟 살 수빈이 엄마의 이야기에 크게 공감한 적이 있어요. 수빈이 엄마는 6년 동안 해외에서 중학교 교사로 근무했어요. 그곳에서는 정규 수업 외에 특별활동도 하나의 공부로 여긴다고 하더라고요. 그래서 아이들은 자기가 원하거나 관심 있는 예체능 교육을 반드시 선택해야 한대요.

이런 예체능 교육은 학년이 올라갈수록 늘어나는 학습량을 견딜 수 있는 힘을 기르는 것이기도 해요. 운동으로는 신체적 체력을, 미술이나 음악을 통해서는 정신적 체력을 키우며 이 둘의 균형을 맞춰 가는 거죠. 수빈이 엄마는 이렇게 얘기했어요.

"어른들은 목표를 향해 달려가다가 도중에 힘에 부치면 자기만의 방에 들어가 마음껏 비워 내고 돌아올 수 있잖아요? 그런데 정작 아이들에게는 그럴 기회가 없어요. 어른보다도 바쁘게 목표를 향해 달려가는데도요. 아이들에게도 힘들면 쉬어 갈 수 있는 '자기만의 방'을 만들어 줘야 한다고 생각해요. 그게 부모의 역할 아닐까요? 우리 수빈이도 좋아하는 그림을 그리면서 자기를 만나는 시간을 충분히 누리면 좋겠어요."

저는 미술 사교육 종사자예요. 아이들이 미술 공모전에서 수상하는 것, 그림의 기술적 능력을 함양하는 것이 중요하다는 사실을 잘 알고 있죠. 하지만 지금은 아이들의 공부 체력을 뒷받침하는 '감성 교육'이 필요한 시대예요. 특히 디지털 교육을 준비하는 6~13세 아이들을 키우는 부모는 학습의 밑바탕을 이루는 예체능 교육에 먼저 접근해야 해요.

AI 시대에 발맞추는 〈그라바 아트〉의 미술 교육

민주 엄마는 아이가 열두 살이 될 때까지는 꾸준히 예체능 교육을 시킬 예정이에요. 훗날 관련 전공으로 진출시키기 위해서가 아니에요. 민주가 살아갈 시대에는 '성적=대학=성공'이라는 공식이 유효하지 않을 것임을 알고 있기 때문이에요.

요즘 20~30대 청년들은 연봉이 높은 직장에 들어간다고 해서 평생의 직업이 보장되지 않는다는 것을 알고 있어요. 그래서 직장을 다니면서도 제2의 자기계발을 하거나, 취미 생활을 창업으로 확장하기도 하죠. 이른바 'N잡러'의 시대가 도래한 셈이죠. 과거와는 직업 생태계 자체도 달라지고 있고, 인재 요건에도 많은 변화가 생겼어요.

그래서 민주 엄마는 아이의 '자기표현'에 주목해요. 무엇을 하든 원하는 바를 잘 표현할 수 있는 능력을 갖추는 것이 우선이라고 생각하는 거죠. 민주 엄마처럼 예체능 교육을 중요시하는 부모들의 궁극적 목표는 하나예요. 끊임없이 변화하는 세상에 사는 아이들에게 학습과 개인적 성장을 위한 강력한 기반을 만들어 주는 거죠.

지금은 여러 산업 분야에서 AI가 활용되고, 실제로 사람이 하는 일을 대신하는 경우도 많아졌어요. 이런 시대에는 전통적인 학업보다는 감성 교육, 소통 능력, 다양한 취미의 탐구 등이 더 중요하다는 인식이 보편화되고 있는 것 같아요.

〈그라바 아트〉는 입시 위주의 미술보다는 아이들이 굳은 심지를 가지고 끝까지 해낼 수 있는 힘, 즉 '내적 체력'을 키워 주려 해요. 아이들이 자존감을 지키고 내면의 힘을 다지려면 자기표현을 잘할 수 있어야 해요. 미술을 통해 자기 생각과 감정을 표현해 보면서 자신감을 얻고 성장해 나가는 거죠. 게임 속에서 캐릭터가 작은 미션을 하나씩 달성하고, 아이템을 수집하며 점차 강해지는 것과 마찬가지예요.

'성장의 기반이 되는 단단한 마음, 내면의 체력을 미술로 다지는 것', 이것이 바로 〈그라바 아트〉가 추구하는 미술 교육이에요.

스토리텔링 미술 교육의 효과 – 9세 이전 미술 교육은 아이들의 주도성을 키울 수 있다

최근 전 세계의 교육 트렌드는 자기 주도성에 초점을 맞추고 있어요. 자기 주도성이라는 단어는 어린 자녀에게 아직 먼 훗날의 이야기로 들릴 수도 있지만, 초등학교 입학을 앞둔 예비 학부모라면 이런 교육 트렌드의 변화에 관심을 가져야 해요.

코로나19와 AI의 등장이 전 세계에 큰 충격과 반향을 안긴 뒤, 많은 국가에서 공교육부터 미래사회 대응 역량을 키우기 위한 시도를 이어 가고 있어요. 우리나라 역시 역사 교육과정을 개정하는 등 학생 개개인의 성장을 이끌겠다는 포부를 밝히기도 했죠.

특히 새롭게 시행되는 고교학점제는 2025년 고등학교 1학년부터 적용되는데, 아이들은 자기가 원하는 과목을 선택해 공부할 수 있어요. 자기가 정말 하고 싶은 것을 찾도록 하기 위해 도입된 제도로, 궁극적으로는 아이들의 개별성과 다양성을 존중하면서도 자기 주도성을 유도한다는 목적이에요. '내적 동기 부여'를 추구하는 교육이 시작된 것이죠.

아이는 여섯 살 무렵부터 폭발적으로 주도성을 기를 수 있어요. 보통 만

3세까지는 부모의 무한한 사랑 속에서 안정성을 내재화하고, 걷기 시작하면서부터는 자율성을 깨우치죠. 그리고 만 6세에 이르면 그간의 경험을 바탕으로 주도성을 형성하게 돼요. 이 주도성은 만 12세 무렵이 되면 완성 단계에 이르러요.

주도성은 '가르치는' 것이 아니라 '풀어 주는' 것이에요. 내재되어 있는 주도성을 겉으로 발현하게 도와주면 되는데, 9세 이전의 아이에게 그림은 굉장히 효과적인 수단이에요. 일상에서 겪은 일과 생각을 이야기로 구성해 그림으로 표현하는 과정에서 자연스럽게 주도성이 형성되고 발현되기 때문이에요.

아이의 상상력을 키우는 '지루한 시간'

창의력은 자유롭게 노는 것을 넘어 다양한 자극과 경험을 통해 길러진다고 생각해요. 그래서 9세 이전 그림을 지도하시는 선생님께서는 매달 커리큘럼을 짜는 것에 골머리를 앓고 계시죠. 퇴근을 하시고도 매일 sns를 놓지 못하는 이유이지요! '창의력과 표현력 향상을 동시에 겸비한 미술프로그램 아이디어' 영감을 얻기 위해 퇴근 후에도 업무를 놓지 못하죠. 왜냐하면 9세 이전의 자녀를 둔 부모는 다양한 경험과 체험을 요구하시다 보니, 교육적 본질보다 결국 선생님도 니즈를 충족하려면 어쩔 수 없으니까요. 저 또한 그랬던 시절이 있어 충분히 공감하는 부분이에요.

9세 이전의 과정은 빽빽하게 채우는 경험보다는 과정에 대한 방법을 자세히 경험하는 시간을 확보해야만이 창의력이 나의 것으로 완성돼요.

단, 너무 과하면 오히려 역효과가 날 수 있어요. 두뇌가 창의력을 키우려면 충분한 휴식이 필요한데, 너무 많은 활동에 참여하다 보면 휴식을 취할 시간을 갖지 못하기 때문이에요.

유아기에 창의적 사고 발달이 이루어진다는 것은 잘 알려져 있어요. 그래서 초보 부모들은 창의성을 길러 주는 교육에 큰 관심을 가지죠. 여섯 살 소영이 엄마도 마찬가지였어요.

아이가 어릴 때 어떤 경험을 하는지가 창의력 발달에 중요하다는 말을 많이 들었기 때문에 소영이 엄마는 주말마다 체험 부스나 이벤트에 참여했어요. 그리고 소영이에게 새 조립 장난감을 사 주기도 했죠. 처음에는 소영이도 설명서를 보면서 장난감을 잘 가지고 놀았어요. 그런데 이 흥미는 오래가지 않았고, 장난감이 재미없다고 불평을 터트렸어요. 결국 소영이 엄마는 아이가 재미를 느낄 만한 장난감과 활동을 찾아 더 열심히 뛰어다녔어요. 아이가 지루함을 느끼면 그 경험을 통해 창의력을 계발하지 못할 것 같다는 걱정이 들었으니까요.

안타깝게도 소영이 엄마는 이 시점에 한 가지 사실을 간과했어요. 지루함을 느끼는 단계가 창작 과정에서 매우 중요한 부분이라는 사실이죠. 엄마가 새 장난감을 물색하는 동안 소영이는 지루하다고 생각한 조립 장난감을 다시 가지고 놀다가 완전히 새로운 놀이를 고안해요. 이전에 갖고 놀던 장난감 자동차와 동물 인형도 가져와서는 자동차 도로와 동물 인형의 집을 지어 하나의 도시를 건설한 것이었죠. 소영이 엄마는 아이의 창의성에 깜짝 놀랐고, 지루함을 느낄 시간을 주는 것이 진정한 창의성을 꽃피우는 핵심 요소라는 것을 깨달았어요.

이 이야기는 일반적으로 부모들이 창의성에 대해 오해하는 부분이 무엇인지를 잘 보여 줘요. 아이의 창의성을 기르려면 지속적인 자극이 필요하다는 잘못된 믿음이죠. 오히려 모든 시간을 어떤 활동으로 채우고 싶은

충동을 억제하고 구조화되지 않은 시간을 아이에게 허용하는 것이 창의력을 기르는 데에 효과적임을 반증하고 있어요.

놀랍게도 지루함이라는 감정은 문제 해결 능력과 독창적 사고를 키우는 상상력의 촉매제 역할을 해요. 소영이가 기존의 장난감이나 사물들을 이용하는 새로운 방법을 찾은 것처럼요.

아이는 본능적으로 재미를 추구하고, 심심한 것을 무엇보다도 싫어해요. 심심하고 지루한 시간이 주어지면 어떻게든 조금이라도 더 재미있고 흥미로운 것을 찾아내려 해요. 이렇게 심심함을 견디는 과정을 통해 아이는 능동적 사고와 주도적 행동, 창의적 표현법을 배울 수 있어요. 그리고 이런 경험은 '상상 놀이'로 이어지죠.

앙리 마티스는 "창의성의 또 다른 말은 용기다."라는 명언을 남겼어요. 부모가 아이에게 무언가를 시켜야 한다는 압박에서 한 걸음 물러나 지루함을 느끼도록 놔두는 데는 분명 용기가 필요해요. 하지만 그 용기를 내는 순간, 아이는 소영이 사례처럼 독창적인 상상력을 마음껏 펼칠 수 있게 될 거예요.

그러니, 우리도 큰 마음 먹고 용기를 내어 아이와 함께 지루한 시간을 견뎌 보는 것은 어떨까요? 새로운 장난감과 신기한 경험으로 아이에게 꾸준히 자극을 주는 것도 좋지만, 때로는 아이가 심심한 시간을 누릴 수 있도록 곁에서 기다리는 것도 부모의 역할이라고 생각해요.

제5장

기록의 시간: 아트에세이로
기록하는 습관 만들기

자기표현의 기회를 즐기는 〈그라바〉교육과정

저의 수업은 늘 '이야기'로 시작해요. 일상에서 발견하는 주제를 이야기의 주인공에게 투영한 스토리아트 워크북으로 아이들의 상상과 경험을 끌어내죠. 저는 아이들의 정체성이 형성되는 유년기에 자기 자신을 발견하고 성취할 수 있도록 유도하는 '창의력 미술 프로그램'을 만들고 싶었어요.

어른들은 일상의 여러 사건을 맞닥뜨리고 사람들과 교류하는 과정에서 발생하는 여러 감정을 글로 표현해요. 일기가 되기도 하고 SNS가 되기도 하죠. 하지만 아이들은 글로 의사를 자유롭게 표현할 수 없어요. 그래서 낙서나 그림으로 내면의 문제, 갈등, 느낌 등의 감정 상태를 표출해요. 아이의 미술 활동이 사물이나 상황에 대한 객관적 묘사보다는 흥미와 경험에 기반한 주관적 표현에 치우치는 것도 같은 이유예요.

그렇기에 아이에게 미술 활동은 교과목보다는 하나의 놀이로 여겨지죠. 아이는 이 놀이를 통해 자연스럽게 감정과 욕구를 분출하고 정서적 안정감을 얻어요. 그리고 자기가 표현한 것에 대해 주변 사람들과 소통하며 공감을 받으려 해요. 이처럼 미술 교육은 단순히 그림 스킬에 집중하기보다는 스스로 주도하는 여러 표현 활동을 통해 아이들의 상상력과 주도성을 키워 줄 수 있어요.

9세 이전 아이들에게 미술을 배우게 하려는 부모님에게는 크게 두 가지 공통적인 이유가 있는 것 같아요. 첫째, 내가 직접 지도할 수 없기 때문이죠. 그리고 둘째는 아이가 미술을 전공하지 않더라도 자신감 있게 스스로를 표현하는 사람이 되었으면 하는 바람일 거예요. 〈그라바 아트〉는 이런 부모님의 니즈를 잘 이해하고 반영한 세 가지 방법으로 미술 교육을 진행하고 있어요.

이제부터는 〈그라바 아트〉만의 교육과정을 하나씩 설명해 볼게요.

1) 수업 초반에 아이들이 친근하게 접할 수 있는 일상의 주제 제시하기

9세 이전 아이들에게 미술을 교육할 때는 '도입부'가 가장 중요해요. 도입부에서는 동기를 유발하는 방식을 주로 활용하는데, 아이들과 상호작용 없이 교사의 설명이 주가 되어서는 안 돼요. 아이들의 개성 있는 그림체를 발견하고 표현하기보다는 교사의 그림체를 따라 하는 결과로 이어질 수 있기 때문이에요. 최대한 상호작용하며 아이들 각자의 표현법을 끌어내야 해요. 그렇기에 아이들이 직접 경험해 보았고 공감할 수 있는 일상의 주제로 동기유발을 진행하죠.

〈그라바 아트〉에서는 키워드 인지 훈련을 통해 아이가 관심사를 발견하도록 그림자료로 소통하고 반응을 유도해요. 굳이 용어로 표현하자면 '시각적 동기 유발 방식'이라고 할 수 있죠. 수업을 시작할 때는 먼저 그림의 주제를 포괄적으로 제시해요.

'내가 좋아하는 동물'이라는 키워드를 제시했다면, 아이들의 연령대에 맞는 시각 자료를 보여 주면서 교사의 경험을 아이들에게 들려줘요. 아이들은 이야기를 들으면서 자신의 경험을 돌아보고, 어떤 동물을 좋아하는지 발견하게 돼요.

그 뒤에는 주제에 관한 질문지를 주고 직접 자기가 표현하고자 하는 키워드를 간단히 그리거나 말하는 방식으로 도출하는 시간을 가져요. 한 아이가 강아지, 특히 '푸들'을 좋아한다면 그 느낌이나 이미지를 표현하게 해요. 이때 수업을 듣는 아이들은 각자가 떠올린 동물을 제각기 표현해 보고, 그 그림과 대상에 얽힌 자기만의 경험과 생각을 기록해 나가요. 다른 아이들과 비교하지 않고 자기만의 표현을 하는 과정에서 고유의 그림체를 발견하고 표현의 다양성을 배우게 되죠.

교사는 아이들에게 그림을 그리라고 '주입'하거나 '지시'하지 않아요. 아이의 생각과 이야기를 존중하며 그림으로 표현하도록 독려할 뿐이에요. 그러니 아이들은 관심 있고 좋아하는 주제를 만나면 의욕적으로 그림을 그려요. 이런 〈그라바〉만의 동기 유발 방식은 그림을 그리기에 앞서 주제의 핵심이 무엇인지 파악하는 습관을 들이게 해요. 무언가를 외우지 않고도 자신 있게 표현하기 위해서는 바로 이 '핵심 파악' 능력이 굉장히 중요해요.

2) 자기만의 방식으로 그림을 관찰하는 방법 깨닫게 하기

'그림을 관찰하는 방법'이라고 하면 보통 대상의 실물 사진을 보여 주며 직접 그려 보라고 하는 방식을 떠올려요. 하지만 이 방법은 어느 정도 그림 실력을 갖춘 초등학교 고학년은 되어야 가능해요. 유아기나 초등 저학년 아이들의 경우, 미술적 재능을 타고나지 않고는 굉장히 어려운 일이에요.

저는 연령별 특성을 고려해 아이 개인 맞춤형으로 그림을 관찰하는 법을 가르치면서 대상의 특징을 선으로 표현할 수 있도록 해요. 그 결과 아이는 나무를 그리더라도 먼저 머릿속에 그려지는 생각하여 그려 보고 나무 이미지를 토대로 아이들이 더 쉽게 공감하고 이해할 수 있게 설명해요. 관찰하여 그린 그림을 토대로 비교하여 감상할 수 있도록 소통하는 거죠.

덩달아 부모 또한 학습 부분에서도 아이가 관찰력이 늘면서 사물을 유심히 보고 원리와 구조를 파악하는 능력이 좋아졌다고 하셨어요. 미술과 학습의 연결성에서 그림공부가 도움이 된다는 것에 보람을 느끼는 단계였어요.

3) 아트에세이북으로 미술 활동의 결과를 직접 확인하기

아이만의 개성이 담긴 그림과 일기로 엮은 아트에세이북은 미술의 재미를 알려 주는 동시에 그림 실력의 발전 과정을 한눈에 보여 주기도 해요. 아이들은 자신의 성장을 눈으로 보고 느끼면서 배우면 할 수 있다는 자신감을 갖고, 더 큰 성취감을 느끼기 위해 다음 단계에 도전하게 돼요.

부모에게도 아트에세이북은 의미가 있어요. 아이가 유년 시절을 어떻게 기록하는지 지켜보며 가능성을 발견할 수도 있고, 추후 입시에 활용할 포트폴리오 중 하나로 활용할 수도 있으니까요.

〈그라바〉의 교육과정은 '9세 이전 아이가 평생 놓쳐서는 안 되는 그림 공부'라는 방향으로 진행돼요. 대상을 크게 세 개 정도로 선정하는 것으로 시작되는데요. 예를 들어 아이에게 이렇게 물어보는 거예요.

"유미야, 봄에 대해서 그려 볼까?"

'봄'이라는 주제를 주면 아이는 주제의 핵심, 즉 무엇을 그릴지 3개 정도의 키워드를 머릿속으로 떠올리게 만들어요.

"**봄**에 '**벚나무**'가 있는 **공원**에서 '**나**'랑 '**강아지**'가 함께 산책하는 모습을 그려야지."

그리고 자기만의 방식으로 대상을 관찰하며 습득한 방법을 활용해 이 키워드들을 도화지에 그려 내요. 그리고 자신이 배운 다양한 미술 기법과 도구로 채색해 그림을 완성하죠. 그리고 이 그림에 대한 생각이나 설명을 언어로 표현해 보는 거예요. 굳이 구체적일 필요는 없으며, 한두 문장으로도 충분해요.

그림에 녹아 있는 모든 것을 기록으로 만든다면?

9세 이전 아이들이 일상의 어떤 경험을 즐기고 꾸준히 시도하도록 만드는 것은 중요해요. 공부 머리를 키우는 습관의 기초가 되기 때문이에요. 우리는 일정 기간 꾸준히, 반복적으로 하는 행동 위에서 자기만의 감정과 생각을 아트에세이에 기록해 나가요. 그리고 아이들은 이 과정에서 성실함, 인내심, 지속력을 기르죠.

매주 '나의 하루', '나의 꿈', '나의 경험' 등을 표현하며 원하는 것과 좋아하는 주제를 발견해 자기만을 위한 시간을 조금씩 쌓아 가는 거예요. 자기의 이야기를 풀어내고 싶은 아이들에게 그림 그리기는 탁월한 도구예요. 그림 그리기와 아이의 경험이 이어지도록 교육이 이어져야 하죠. 그렇게 아이들의 일상을 그린 그림일기에 공감과 관찰, 표현이 더해지면 아트에세이가 만들어져요.

그림일기는 매일의 경험이나 느낌을 그림으로 표현한 일기예요. 과거의 그림일기는 보통 초등학교 저학년이나 그보다 어린 아이들이 쓰는 것으로 여겨졌어요. 글을 쓸 줄 모르거나 문장을 구성할 능력이 부족하기에 그림으로 하루를 기록하는 수단이었던 거죠.

하지만 요즘은 어른이 되어서도 본인의 경험, 여행과 같은 추억하고 싶은 일상을 글이나 그림, 사진 등 다양한 방식으로 기록하고 보관하는 경향이 있어요. 매일 반복되는 일보다는 특별한 행사가 있는 날이면 더더욱 그렇죠. 그렇기에 어려서부터 일기를 쓰는 습관을 기르고 그 내용에 관해 이야기한다면 부모와 교사가 아동을 이해하는 데에도 도움이 돼요.

그림일기는 아동의 기억력과 인지 능력을 키우는 데에도 효과적이고, 명확한 자기표현력 발달에도 도움이 돼요. 여기에 더해 미적 표현 능력과 인지 능력 발달에도 긍정적인 영향을 미치죠.

그렇다면 에세이(essay)는 무엇일까요?

사전적으로는 일기, 편지, 감상문, 기행문, 소평론 등 광범위한 산문 양식을 포괄하는 용어예요. 다양한 문학 형식 중에서도 가장 유연하고 융통성 있는 장르라고 할 수 있죠. 세부 분류로는 미셀러니(miscellany), 비공식적(informal) 에세이로 나누기도 해요. 여기서는 형식에 얽매이지 않고 보고 들은 것, 경험한 것, 느낀 것 등을 생각나는 대로 쓰는 산문 형식의 짤막한 글을 의미해요.

아이들이 에세이를 받아들이려면 문맥에 대한 이해와 자기만의 문체가 필요해요. 그래서 저는 아이들이 글을 쓰기 전에 준비운동이 필요하다고 생각했어요. 저는 비공식적 에세이 영역에 해당하는 아트에세이 프로그램으로 아이들을 지도하려 했어요. 아이들의 시선으로 바라보는 경험, 추억, 일상에서 감성, 주관, 특성을 부각하며 주제에 관한 키워드와 미술적 표현 기술을 결합하는 방식인 거예요.

아트에세이 과정에는 아이들의 상상력에 그림을 더해 흥미를 고취시키는 것이 중요하다고 생각했어요. 그래서 그림일기와 에세이 형식을 결합해 하나의 미술 교육 프로그램으로 구축한 거예요. 아이들이 그림으로 생각을 펼쳐 나가면서 사고와 표현을 확장하는 밑거름이 되기를 바랐어요.

여기에 더해, 9세 이전 미술의 본바탕은 아이가 자기 생각을 한눈에 알아볼 수 있도록 그림으로 기록하는 습관을 길러 주는 것이라고 생각해요. 그래서 한 장의 종이 위에 특정 주제에 대한 아이들 각자의 이야기를 이미지로 끄집어내는 활동을 고안한 거예요. 아이들은 이런 활동을 통해 소통과 공감 능력을 기를 수 있어요.

결국 아이들에게 그림 공부란 과정을 통해 표현력과 자존감을 높이고 흥미를 알아 가는 것이라고 믿어요. 키워드와 이미지로 자신의 경험과 느낀 점을 기록하는 것, 그리고 결과를 통해 나만의 행복을 발견하는 것이 나만의 아트에세이를 만드는 이유이자 취지죠. 그리고 그림에 녹은 모든 요소를 기록으로 만드는 경험이야말로 꾸준한 학습의 기초를 다지는 또 하나의 좋은 방법이라고 생각해요.

그림으로 추억을 되새기는
습관과 자기만의 루틴 만들기

　9세 이전에 아이의 일상에서 기억에 남는 찰나의 순간을 그림으로 만나는 시간을 경험하는 것은 중요해요. 앞으로 자기만의 멋진 인생을 스스로 주도해 나가는 어른으로 성장할 것이기 때문이에요. 저는 하나의 과정이 마무리되면 아이들의 그림을 모아 아트에세이 형태로 엮어 전달해요. 그림과 이야기를 쭉 감상하다 보면 아이가 성장했다는 느낌이 물씬 들곤 하죠.

　아이는 하루가 다르게 성장하지만 평소에는 잘 보이지 않아요. 하지만 일련의 과정을 통해 만든 작품들을 한데 엮은 기록물의 형태로 보면 지금까지 성장한 과정이 파노라마처럼 한눈에 들어와요. 이때의 기쁨과 보람, 그리고 희열은 어느 것과도 비교하기 어렵죠.

　그림마다 새겨진 함께한 기억, 그리고 어느덧 생각도 마음도 훌쩍 자라버린 아이들을 돌아보면 오히려 제가 현재 일상에 감사하게 되고 더 소중히 여기겠다는 생각을 하는 계기가 되기도 해요. 그런 마음은 더욱 아이에게 효과적이고 아이들을 이해할 수 있는 프로그램을 연구하는 원동력이 되었죠.

한 번 그리고 버리는 작품이 아니라 평생 소장하며 이때를 추억할 수 있게 하는 미술 교육을 하고 싶었어요. 제가 느끼는 감정을 부모님과 다른 교육자들과 공유하고 싶은 마음도 컸고요. 자기만의 생각 없이 기계적으로 그린 것이 아닌, 아이가 진심을 담아 솔직한 마음을 표현한 진짜 그림을 통해서 말이죠.

아트에세이는 결과뿐 아니라 과정에도 주목해요. 아이가 자기만의 루틴을 형성할 수 있거든요. '루틴'이란 계획을 세우고 순서를 정해 규칙적으로 실행하는 행동을 의미해요. 원래 루틴은 운동 선수들에게 중요한 요소였어요. 대회 당일까지 최상의 컨디션을 유지하고 능력을 최대치로 발휘하기 위한 것이었죠. 자기만의 규칙을 만들고 '의지'와 '목적'하에 의식적으로 행동하는 것이기에 습관과는 다소 차이가 있어요.

예를 들어, 몇 시부터 몇 시까지 매일 공부하는 것은 습관이에요. 반면 루틴은 공부하기 위해 책상을 깔끔하게 정돈하고 알람 시계를 잘 보이게 놔두며, 따뜻한 물 한 잔을 앞에 두고 핸드폰을 무음으로 바꾸는 등의 구체적인 방법을 의미해요. 기계적인 행동이 아니라 깨어 있는 의식으로 본인의 행동을 자각하고, 더 계획적이고 의미 있는, 그리고 성과를 내는 방향을 설정하는 것이죠.

미술 교육 시작 이후 1~3개월 정도의 기간은 초입 단계로 볼 수 있어요. 9세 이전의 아이들에게는 주차별로 수업 루틴을 형성해 주는 시기이기도 해요. 수업에 질서와 규칙성이 있다는 것은 수강하는 아이들이 자기만의 표현에 하나의 질서가 잡힌다는 의미이기도 해요. 즉, 아이들이 편안하게 그림을 받아들이게 된다는 것이죠.

미술 교육이 루틴화되면 아이들의 창의성도 제약하지 않을까 우려하는 분들도 있을 거예요. 획일적이고 편협한 교육이 이루어질 수 있다고 걱정하는 거죠. 하지만 그런 생각은 하지 않아도 돼요.

유아기는 자기 중심적으로 생각하는 시기로, 그림에도 자기 이야기가 많이 담겨요. 지금의 유아 미술 교육은 아이들이 자기 이야기를 담기보다는 교사가 주도하는 교수법이 많이 적용되고 있어요. '그리는 방법'을 알려 주는 것은 창의성을 방해하지 않아요. 독창적인 이야기를 효과적으로 표현하는 기술을 알려 줄 뿐이죠. 그림을 그리는 것은 아이들의 몫이에요. 루틴을 만드는 것은 그것을 알려 주기 위해 필요한 과정이에요.

유아기의 진정한 미술 교육은 자기가 주도해 그림을 그리고 스스로를 '창작자'라고 믿을 때 가능해져요. 그래야만 자기를 발견하는 방법을 확실히 알게 되니까요.

부모가 직접 미술 교육을 할 수 없다면 9세 이전 아이가 쉽게 다가갈 수 있는 그림으로 자기를 표현할 수 있는 공간을 만나게 해 주는 것이 어떨까요? 아이의 그림과 이야기를 차곡차곡 엮어 어른이 되었을 때 보여 주세요. 최고의 미술 교육 습관은 물론 훌륭한 유산이 될 거예요.

기록하는 습관을 기르는 아트에세이 과정

유년 시절 꾸준히 아트에세이 미술 교육을 진행하면 자기 주도적인 표현에 대한 습관을 넘어 루틴을 형성할 수 있다는 점은 이해하셨을 거예요. 〈그라바〉의 아트에세이는 다섯 단계의 체계적인 커리큘럼을 통해 섬세하게 지도하고 있어요. 이제부터는 그림 기록의 시작이라고 할 수 있는 아트에세이 과정이 어떻게 이루어지는지 설명해 드릴게요.

스토리아트 워크북은 아트에세이 교육과정의 첫 단계로, 아이들의 스토리텔링으로 시작해요. 일상적인 키워드나 주제를 아이들에게 던져 주면 그와 관련된 생각, 감정, 경험을 자유롭게 공유하는 방식이에요.

Step 1. 일상의 이야기를 미술 수업의 주제로 만나요

6세 시각적 동기유발 자료 이미지

시각 자료로 동기를 유발하며 표현하고 싶은 주제를 최대한 담을 수 있게 아이들의 이해를 돕는 순서예요.

예를 들어, 힘차게 달리는 네모 모양의 노란 유치원 버스를 탔던 경험을 나누며 기억을 풀어내요. 스토리텔링이 끝나면 아이들에게 시각적 이미지를 제시하며 키워드를 인지하게 해요. 그리고 내가 다니는 유치원 버스에 관해 이야기를 나누는 거죠.

이 과정에서는 선생님이 수업 내용을 결정하지 않고 아이가 직접 주제를 선택하고 다양하게 표현하게 해요. '생각의 기초'를 만드는 습관을 형성하는 과정이에요.

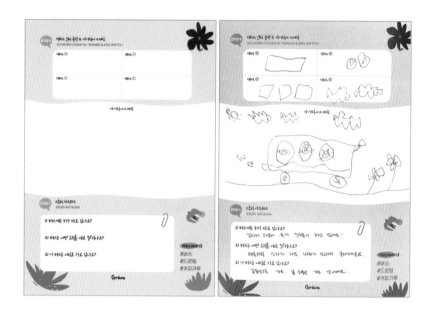

Step 2. 스토리아트 워크북으로 아이들의 생각을 자유롭게 표현하도록 질문하며, 자기 이야기를 체계화하는 능력을 길러요

먼저, 기본적인 질문으로 아이들만의 표현을 유도해요. 예를 들면 이런 식이에요.

"버스에는 누가 타고 있나요?"

"버스가 달릴 때는 어떤 소리가 나나요?"

"버스는 어디로 가고 있나요?"

한 아이는 이 질문에 대해 이렇게 대답했어요.

"강아지, 고양이, 토끼 친구들이 타고 있어요. 데굴데굴 소리가 나요. 바퀴가 있어서 굴러가거든요. 내가 좋아하는 동물 친구들과 꽃동산으로 봄 소풍을 가고 있어요. 지난 일요일에 가족들과 진해 벚꽃구경 갔거든요. 동물 친구들에게도 보여 주고 싶어요."

그리고 아이가 생각한 이야기를 아이디어 스케치로 그려 볼 수 있게 하는 거예요. 스토리아트 워크북은 아이들이 일상에서 쉽게 접하는 주제들을 담고 있고, 단계별로 열두 가지의 그림 주제를 제공해요.

이 단계에서 아이들은 스쳐 지날 법한 일상이 기록으로 남는 것을 보며 매일의 경험을 소중히 여기게 돼요. 그리고 다른 사람들과 자기 생각과 이야기를 나눌 수 있는 '미술'이라는 귀한 매개체를 갖는 효과도 있죠.

미술 교육의 목적은 아이들이 창의적으로 자기표현을 할 수 있는 능력을 기르는 데에 있어요. 그래서 저는 스토리텔링과 그림을 결합해 아이들이 교육에 직접 참여하도록 만드는 데에 초점을 맞췄어요. 질문은 간결하고 직접적으로 던져 메시지를 더욱 명료하게 전달하고 핵심 아이디어를 강조하는 거예요.

이 워크북은 아이가 이야기를 하도록 강요하는 것이 아니에요. 오히려 아이들이 그림을 통해 자기 이야기를 표현하도록 격려하려는 목적이죠. 직접 체험하는 놀이활동은 아이들의 표현력을 길러 줘요. 앞의 예시처럼 아이들 각자가 유치원 버스에 얽힌 경험을 담아내며 유의미한 기록물을 완성해 나가죠.

가끔 부모님께서 이런 걱정을 하실 때도 있어요. 스토리아트 워크북은 좋은 아이디어 같은데, 상상이나 경험을 더하도록 질문하는 것이 아이들에게 어렵게 느껴지지 않겠냐고요. 하지만 아이들은 당연히 특정 질문을 낯설고 어렵게 느껴요. 중요한 것은 이것에 답하기 위해 노력하는 과정 자체예요. 서툴게나마 자신의 생각과 감정을 표현하려고 노력하면서 스스로 정리할 수 있게 되기 때문이에요.

아트에세이 전 과정에서 가장 도전적이고 여러모로 전환점이 될 수 있는 중요한 단계죠. 스토리아트 워크북을 통해 아이의 일상이 다양한 미술 기법을 통해 차곡차곡 기록되는 경험이야말로 미술 교육에서 얻는 특별한 경험이 아닐까요? 이처럼 스토리아트 워크북은 제 교육 프로그램에서 가장 핵심이 되는 부분이에요.

스토리아트 워크북 질문법의 필요성

처음 아동 미술 교육을 시작할 때는 아이가 그릴 수 있는 모든 것을 도화지 가득 빼곡히 채워야 한다는 생각에 사로잡혀 있었어요. 일종의 고정관념이었죠. 그래서 아이들에게 사람을 더 그려 보라고 하면 "왜 더 그려야 돼요?"라는 반문이 돌아오곤 했어요.

괜한 반항심일 수도, 사람을 그린다는 것이 어려웠기 때문일 수도 있었을 거예요. 특히 미술은 아이들의 자율성을 바탕으로 표현하는 수업이다 보니 아이들의 "왜요?"라는 질문이 저를 도발하는 것처럼 들리기도 했어요.

다른 아이들이 모두 "네" 하며 그림을 그릴 때 "아니오."라고 대답하는 아이, 그리고 "왜요?"라고 따지듯 묻는 아이. 당시의 짧은 소견으로는 이런 아이가 어른이 되어서도 따지기 좋아하고 주변 사람들과 갈등을 일으키는 사람이 될 수 있겠다는 걱정을 하기도 했어요.

어쩌면 제가 어릴 때는 어른들이 시키는 것을 맹종하는 것이 당연한 분위기였기 때문이었을지도 몰라요. 학교나 사회에서 나오는 다른 의견이 나왔을 때 "왜?"라고 질문하는 것이 불편함을 줄 수 있다고 여기며 적당히 서로 맞추며 살아오는 데에 익숙했기 때문이었을 수도 있죠.

솔직히, 아이들의 미래를 위한 공부는 창의성, 즉 문제 해결 능력을 키우는 데에 달렸다고 외쳤지만 정작 당시의 저는 아이들에게 어떻게 비판적 사고를 자극해야 하는지 잘 몰랐어요. 아이들의 "왜요?"라는 질문이 도발적이라고 생각했던 것을 돌아보면 말이죠. 저 스스로도 누군가의 말에 "왜?"라고 반문하는 것이 익숙하지 않았어요. 정답을 찾는 교육에만 길들여져 있어 이유를 생각할 여유가 없기도 했겠죠.

하지만 어느 순간, 저는 미술 교육도 그렇게 정해진 주제를 표현하고 배우며 정답을 찾아가는 데에 매몰되어야 하는지 의문이 생겼어요. 모든 문제를 혼자 힘으로 해결해 나가야 했기에 계속해서 나 자신에게 물음을 던지고 다양한 시도를 통해 해결하려 했던 거예요.

그중 일곱 살 예빈이를 가르칠 때의 일이 아직도 기억에 남아요.

한 수업에서 아이들에게 "얘들아, 오늘은 토끼를 그려 볼 거야! 토끼는 말이지……."라며 토끼를 그릴 동기를 유발하려는 순간, 예빈이가 말했어요.

"선생님, 저는 토끼 안 그리고 싶어요."

예전 같았다면 "아니야. 오늘은 토끼를 그리는 시간이야. 아이들과 함께 그려 보자. 예빈이가 그리고 싶은 것은 나중에 남는 시간에 그리게 해 줄게."라고 말했을 거예요. 하지만 저는 방향을 바꿔 "왜?"라고 물어봤어요.

"선생님, 저는 얼룩말을 그리고 싶어요."

그리고 예빈이는 계속 말을 이어 갔어요. 얼룩말을 왜 그리고 싶은지 저에게 설명하려는 것이었죠.

"저번 주에 가족들이랑 제주도 여행을 갔는데 얼룩말을 봤어요. 먹이도 주고 타 보기도 했는데 진짜 재밌었어요. 그래서 얼룩말을 그리고 싶어요."

그 말을 하는 예빈이의 표정은 한껏 신나 있었어요. 제가 무언가를 그려야 한다고 설명할 때보다 훨씬 집중하고 있었고, 동기부여도 명확했어요. 이처럼 9세 이전의 아이들은 교사가 질문하는 방식보다 아이가 중심이 되어 말하는 방식을 유도했을 때 훨씬 집중도가 높아요. 저는 정해진 틀 속에서 답을 찾는 것에 익숙했지만, 아이들이 자신과 맞는 질문을 스스로 선택하기 위한 근원적 질문은 "왜?"라는 것을 알게 되었어요.

이후 저는 모든 수업을 아이들에게 질문하는 방식으로 바꿨어요.

"얘들아, 오늘은 자기가 좋아하는 동물을 그릴 거야. 어떤 동물을 좋아해?"

"선생님, 저는 말을 그리고 싶어요!"

"왜?"

"제주도 여행 갔을 때 말을 탔는데 무서웠지만 용기 내서 탔었어요!"

한 아이는 강아지를 그리고 싶다고 말했어요. 그때도 저는 왜 강아지를 그리고 싶냐고 물었어요.

"시골 할머니 집 강아지가 보고 싶어요. 우리 집에서 살았는데 할아버지께서 얼마 전에 하늘나라로 가셨거든요. 그래서 혼자 있는 할머니한테 친구가 되라고 보내 줬어요. 그렇지만 강아지가 잘 있는지 가끔 보고 싶어요."

다른 아이들도 저마다 그리고 싶은 동물을 이야기하기 시작해요.

"저는 고양이요!"

"왜?"

"고양이를 키워 보고 싶어요. 동물 미용사가 되는 게 꿈이에요!"

"저는 토끼 그릴래요!"

"왜?"

"유치원에 토끼가 사는데 토끼풀 먹는 모습이 너무 귀여웠어요."

실제로 수업 때 나온 이야기들이었어요. 이런 경험을 하며 저는 아이들의 개성과 정체성을 발견할 수 있도록 결정을 존중하는 것이 배움의 시작이라는 생각을 하게 됐어요. 이런 배움 속에서 어려움을 맞닥뜨릴 수도 있을 거예요. 하지만 그것을 극복하고 성취했을 때 자기 효능감도 굉장히 크게 성장하게 돼요. 저는 "만약에 말이야", "○○이라면?" 등의 질문을 이어 가며 그림을 통해 아이가 자기만의 정답을 만들게 했어요. 아이 각자의 성향과 발달 특성에 맞춰 상상과 지식, 경험과 감성, 관찰 등을 결합해 질문하는 거예요.

이런 과정이 진행될수록 주입교육식으로 무언가를 빠르게 습득하는 데에 길들여져 있던 아이들도 서두르지 않게 돼요. 그 순간 자체를 즐기고 미술 활동 자체의 행복을 알게 되는 거예요. 그런 모습을 보면서 저의 어린이 미술 교육이 틀리지 않았다는 믿음을 재확인하고 성취감과 감동을 느끼곤 해요.

"왜?"라는 교육을 시도할 때 느낀 또 하나의 문제점은 효율과 속도였어요. 아무래도 작품 완성도가 느릴 수밖에 없기에 표현 기술을 배우는 데에 집중하는 부모는 우리나라의 미술 교육에 적합하지 않다고 생각하셨죠.

저도 스토리텔링 미술 교육의 효과와 성과를 계속 고민하고 의문을 가진 적이 있어요. 교실 안에서 아이들의 생각과 의견을 들을 시간을 되도록 많이 가지려 했지만, 수업 자체에 신경 쓰는 것만으로도 벅찬 날들이었어요. 수업 준비, 학부모님께 드릴 수업 피드백 작성 등 업무를 매일같이 해야 했고, 학원 행사와 공모전 위주의 특강, 원데이 클래스 등으로 늘 쫓기며 하루를 보냈죠.

아트에세이 교육은 자연히 후순위로 밀리곤 했어요. 결과가 쉽사리 눈에 보이지도 않고, 하나의 과정을 마무리하는 데에 시간도 오래 걸린다는 이유였어요. 하지만 저는 이 방법을 매뉴얼로 만들면 아이들이 제대로 된 미술 교육에 충분한 시간을 할애할 수 있을 것이라는 생각이 들었어요.

이런 '느린' 교육에 부모님은 불안감을 느낄 수도 있어요. 다른 아이에게 뒤처지는 것은 아닐까 하는 걱정 때문일 거예요. 하지만 경쟁이나 서열, 줄 세우기를 두려워할 필요는 없어요. 자기만의 방법으로 차별성을 만드는 것이 저는 9세 이전 아이들에게 해 줘야 할 일이라고 생각해요. 스스로 상상하고 무언가를 만들어 내는 과정은 결국 아이들의 정체성을 찾는 데에도 도움이 돼요.

9세 이전 아이들이 자기 일상의 이야기를 대입하고 생활 속에서 직접 접하고 실행할 수 있는 방법으로 교육하는 것은 책이나 이론으로만 배우는 것보다 훨씬 효과적이에요. 자연스럽고 편안하게 받아들일 수 있기 때문이에요. 그리고 교육이 진행될수록 처음에는 "난 못해요."라고 부정적으로 생각하던 아이들도 그 마음을 떨쳐 낼 수 있게 됐어요. 아이들을 기다려 주며 "자, 천천히 다시 한 번 해 볼까?"라는 교사의 따뜻한 격려는 자존감을 견고하게 만드는 데에도 효과적이에요. 그림으로 성취하는 과정에서 아이는 끊임없이 스스로에게 질문을 던질 거예요. 그리고 자기만의 속도로 문제를 해결하며 점차 성장해 나가겠죠. 내면의 목소리에 귀 기울이고, 스스로 선택한 일을 책임지는 방법을 터득하면서 나만의 아트에세이를 통해 투영된 자신을 마주하게 돼요.

그렇기에 9세 이전 아이들에게는 '채우는 교육'을 만나기 전 역발상 미술 교육이 필요해요. 주제에 대한 명확한 답을 제시하기보다는 주체적인 생각과 상상으로 만든 결과도 의미가 있음을 알려 주어야 한다는 의미예요. 아이들은 누군가 정해 둔 정답을 찾아야 한다는 생각을 비우고 무엇이든 정답이 될 수 있다는 생각의 전환점을 맞게 되죠. 그렇게 각각의, 서로의 다양성을 인정하면서 '채움' 역시 자연스러운 것으로 받아들일 수 있을 거예요.

Step 3. 관찰하는 눈을 키워 줘요

이 과정에서는 연령별 교육 중점 요소에 맞춰 다양한 미술도구를 활용하는 법과 예술적 표현 방법을 배워요. 그리고 관찰력을 기를 수 있도록 '스토리아트 로드맵'을 도입하죠.

어린이들이 어떻게 그림을 그려야 하는지 물어보면 나는 무언가를 최대한 주의 깊게 보라고 알려 준다.
– 앤서니 브라운

스토리아트 로드맵(지도 과정 워크지)

관찰력은 그림의 기반을 다지는 핵심 요소예요. 그리고자 하는 대상의 구조, 형태 등을 주의 깊게 바라보고 특징을 발견하는 과정이죠. 색채, 구도, 기교에만 초점을 맞춘다면 드로잉 기술을 기를 수는 있겠지만, 관찰력과 같은 '감성 체력'을 키울 수는 없어요.

계속 강조하지만, 아동 미술의 목적은 전문 예술가 양성이 아니라 미술 활동을 통한 감각과 감성의 발달에 있어요. 수영과 야구를 배우게 하는 이유가 아이들의 체력 증진과 건강에 있는 것과 같은 맥락이에요. 프로 스포츠 선수로 키울 수도 있겠지만, 그것은 조금 더 나중의 문제예요. 먼저 체력, 감성과 같은 기초를 다진 뒤 단순히 지식이나 기술을 습득하는 데에 그치지 않고 자기만의 색을 발견할 수 있도록 하는 거죠.

세상의 모든 꽃은 저마다 색도, 형태도 다양해요. 아이들도 마찬가지로 각자의 고유한 특성, 잠재력을 갖고 태어나요. 하지만 요즘은 모두가 예쁘게 생각하고 귀하게 여기는 '장미'가 되어야 한다는 생각에 아이들을 획일적으로 키우고 있는 것 같아요. 각자의 개성을 잘 발휘하며 저마다의 색과 형태로 빛날 수 있도록 도와줘야 하는데, 하나의 목표를 향해서만 달려가는 거죠. 우리가 할 일은 아이들의 일상을 눈여겨보고, 아이들이 저마다의 특성과 차이를 받아들이고 그림을 통해 스스로를 표현하는 기쁨을 알아 가도록 격려하는 것일 듯해요.

아이들은 정규 교육을 받기 전부터 그림을 그리며 자기감정과 생각을 자연스럽게 표현해요. 하지만 교육을 받기 시작하면 모든 아이가 같은 그림을 그리기 시작해요. 저마다의 생각과 의도는 배제되거나 최소한만 표현한 채 주어진 과제를 충실히 그려 내는 데에만 집중하는 교육이기 때문이에요. 어린이 미술 교육의 중요한 역할 중 하나는 언어적 표현에 제약이 있는 시기에 그림이라는 멋진 언어를 사용해 자기를 표현할 기회를 주는 데에 있다는 점을 잊지 말아야 해요.

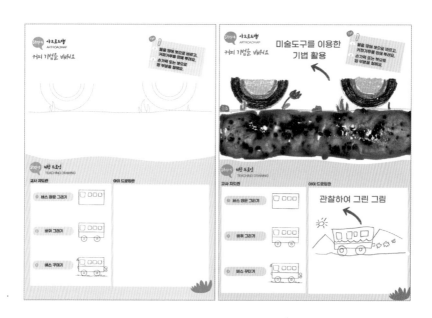

자기만의 그림체를 만들어 가는 과정에서 '관찰하는 눈'을 키우는 것은 굉장히 중요해요. 관찰력을 통해 얻은 정보를 그림으로 표현하는 것은 아이들의 자신감을 다지는 데에도 꼭 필요한 요소예요. 그렇기에 저는 9세 이전 아이들에게 어떤 사진을 보고 그대로 묘사하기보다는 개인별 맞춤형 수업 방식을 도입해 관찰력을 최대한 끌어내려 해요. 어떤 주제를 그리는 방식을 순서화, 구조화하도록 가르치는 것이 특징이에요. 그리고 다양한 미술도구와 기법을 활용해 그려 보도록 하면 아이들은 자기만의 그림체로 대상을 묘사할 수 있게 되죠.

제가 개발한 '스토리아트 로드맵'은 지도 과정 워크지로, 아이만의 그림체를 발굴하기 위해 어떤 과정을 거쳐야 할지에 관한 내용을 담고 있어요.

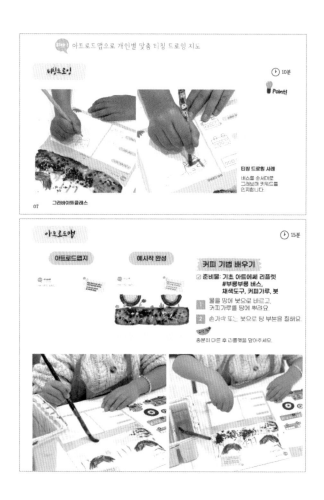

다양한 미술도구에 관하여

인간은 자신이 필요로 하는 것을 찾아 세계를 여행하고, 집에 돌아와 그것을 발견한다.

- 조지 무어

9세 이전 아이들의 관찰력을 끌어내려면 먼저 여러 미술도구의 특징을 알고 다뤄 보는 경험이 필요해요. 다양한 미술도구의 사용법을 알게 되면 아이들은 자기 아이디어를 보다 효과적이고 재미있게 표현할 수 있게 돼요. 특히 9세 이전 아이들의 미술도구는 상상력과 창의력을 자극하는 동시에 안전한 것들로 이루어져야 해요.

1. 종이

그림을 그릴 때 가장 기본적으로 필요한 미술도구죠. 흰 도화지뿐 아니라 색종이, 캔버스, 상자, 천 등도 좋은 도구가 될 수 있어요.

2. 크레용

크레용은 아이들이 좋아하는 미술도구 중 하나예요. 시중에 출시되어 있는 다양한 색상과 형태의 크레용을 사용해 아이들은 자유롭게 그림을 그릴 수 있어요.

3. 색연필

색연필은 섬세한 부분을 그리는 데에 적합해요. 크레용처럼 다양한 색상을 조화롭게 사용할 수 있다는 것이 장점이에요.

4. 물감

무독성 수채화 물감을 비롯해 안전 인증을 받은 유아용 물감 등 다양한 제품이 출시되어 있어요. 물감은 다양한 기법을 시도하기 좋은 도구이기에 아이들의 창의성 증진에도 큰 도움이 돼요.

5. 붓

붓은 사이즈, 재질, 형태가 다양하기에 표현 범위도 넓어요. 각기 다른 붓을 사용하며 그림을 그리면 보다 선명하고 다양한 느낌을 낼 수 있어요.

6. 스티커, 스팽글

스티커와 스팽글은 콜라주 작업에 유용해요. 아이들이 많이 흥미로워하는 도구이기도 하고, 창의적인 작품을 만드는 데에도 효과적이에요.

7. 찍기 기법 도구

'찍기'라는 기법은 일상의 다양한 도구로 표현할 수 있어요. 종이 테이프, 칫솔, 소금, 비닐 랩, 구슬, 스펀지, 빨대 등이 대표적이에요. 아이들은 주변의 도구를 활용해 다양한 미술적 기법을 시도하며 각 재료의 특성을 잘 이해할 수 있어요.

8. 유성 매직, 아크릴 물감

유성 매직과 아크릴 물감은 색감이 굉장히 선명해요. 그림의 특정 부분을 강조하는 데에 유용하게 쓰일 수 있어요.

추천하는 미술도구 구입처

가장 부담 없이 미술도구를 구매할 수 있는 곳이 있죠. 바로 '다이소'예요. 취급하는 품목이 다방면으로 굉장히 많은 만큼 가성비 좋은 미술도구도 다양하게 구비되어 있어요. 아이와 손을 잡고 어떤 미술도구가 있는지 함께 탐색해 보는 것은 어떨까요?

9세 이전 그림 교육의 진정한 가치는 크게 세 가지라고 생각해요. 첫째는 자기를 알아 가는 것, 둘째는 타인과 사회를 이해하는 것, 셋째는 좋은 인생을 위한 방법을 배우는 것이죠. 미술 교육이 이런 가치를 깨닫는 방향으로 이루어진다면 더욱 보람차고 풍요로운 활동이 될 것이고, 창의력 발달과 자아 발견의 창구가 될 거예요.

Step 4. 1~3단계를 통해 키워드를 인지하는 습관을 기르고 기록하는 방법을 배운 뒤 그림을 완성하는 '재창조'의 과정을 배워요

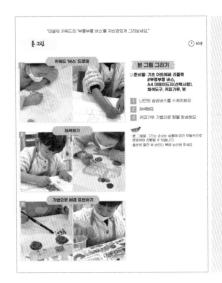

<재창조 작품 1>

나만의 버스는 넓어서
사람이 100명 탈 수 있어요.
버스가 달릴 때는
'우웅~' 소리가 나요.
버스를 타고 재미있는 곳에
가고 있어요.
놀이동산에 들러서
사람들을 많이 태웠어요.
다들 기분이 좋아서
웃고 있어요.

<재창조 작품 2>

나는 동그란 꽃 모양
버스를 좋아해요.
버스에는 아빠, 엄마, 나
세 명이 타고 있어요.
꽃 버스는 데굴데굴 소리를 내며
예쁜 공주님이 사는 곳으로 가요.
우리 가족은
여행을 가서 행복해요.
공주님을 만나서
같이 사진을 찍을 거예요.

<재창조 작품 3>

유치원 버스를 타고
유치원으로 가고 있어요.
친구 민준이가 하하하 웃으며
버스에 타요.
빨리 유치원에 도착해서
더 많은 친구들과
인사하고 싶어요.
"안녕? 반가워!"라고
인사할 거예요.

〈재창조 작품 4〉

튤립 버스가 '부웅~'
움직이고 있어요.
버스는 아파트만큼 커요.
네모난 창문도 있고
바퀴도 있어요.
튤립 버스를 타고
숲속으로 나들이를 가요.
숲에는 토끼 친구가 살고 있어요.
토끼 친구와 함께 춤추고 싶어요.

Step 1~3을 거치면 본격적으로 그림을 완성하는 시간을 만나요. 아이디어를 나만의 작품으로 재창조하는 시간이에요. 이 과정에서 아이들은 자기 생각의 핵심과 그림 안에 담은 자기만의 이야기, 관찰력에 기반한 나만의 그림체가 조화를 이룬 그림을 만들게 돼요. 이처럼 각자의 개성과 색으로 탄생한 '작품'을 만드는 경험이야말로 자기표현력을 키우는 '아트 에세이' 과정의 진수라 할 수 있을 것 같아요.

Step 5. 아이들이 완성한 그림과 상상, 경험의 이야기를 한데 엮은 나만의 아트에세이북으로 작품을 재탄생시켜 성취감을 키워 줘요

생각, 감정, 경험을 표현하는 마법, 아트에세이북

저는 스케치북에 표현한 아이들의 그림이, 기록이 버려지는 것이 굉장히 아쉬웠어요. 9세 이전 아이들의 다양하고 기발한 표현이 언어로 담긴 작품들을 모아 책으로 엮기 시작한 이유이기도 해요. 과정과 방법 중심의 교육으로 창조된 최종 결과물을 직접 보는 경험을 제공하고 싶은 마음에 시작했던 것이 의외의 효과와 의미로 아이들에게 다가온다는 것을 깨닫게 되었죠.

아트에세이북 제작은 아이들이 즐겁게 참여하며 자기를 표현하는 데에 중점을 두고 있어요. 아이들은 의무가 아니라 자발적으로 참여하죠. 그리고 부모 또한 원하는 과정이라는 것을 확신하게 됐어요. '그림일기', '생각과 감정을 표현하는 프레젠테이션', '프로젝트 과제', '포트폴리오 만들기', '받아쓰기' 등 교과 과정 내 활동에도 굉장히 유용한 과정이더라고요.

자기 경험을 바탕으로 만드는 아트에세이북은 아이들에게 굉장히 유용해요. 먼저, 그림과 색칠을 통해 소근육 운동 능력이 향상돼요. 여러 재료를 사용해 드로잉, 페인팅, 콜라주 등 다양한 미술 기법을 익히면서 실험적이고 독특한 아이디어 표현법을 터득할 수도 있죠.

완성된 아트에세이북으로는 자기 작품으로 만든 결과물에 대한 뿌듯함과 성취감을 느낄 수 있어요. 그리고 자기 작품과 아트에세이북에 관한 이야기를 친구들과 서로 공유하는 과정에서 사회성 발달, 나와는 다른 관점에 대한 이해와 관용 등을 체득하게 돼요.

자기표현력을 키우는 8단계

자기표현력은 창의력과 함께 성장하는 중요한 능력입니다. 다양한 연령대에 맞춘 8단계의 훈련 과정을 통해, 아이들은 자신의 생각과 감정을 효과적으로 표현하는 방법을 배울 수 있습니다. 각 단계는 특정 연령대에 맞춰져 있으며, 아이들의 성장과 발달에 중요한 역할을 합니다.

알록달록 무지개

나는 7가지 무지개색 중
빨강색, 초록색, 파란색을 좋아해요.
빨강색을 보면 사과와 체리가,
초록색을 보면 나뭇잎과 나무가,
파란색을 보면 블루베리와 바다가 떠올라요.
무지개를 실제로 봤을 땐
신기하고 좋았어요.

달콤한 초콜릿

내가 만들고 싶은 초콜릿 모양은
동그라미, 세모, 네모, 하트 모양이에요.
이 초콜릿들을 큰 동그라미 상자에 담아서
엄마, 아빠, 동생, 친구에게
선물로 주고 싶어요.
다 내가 좋아하는 사람들이에요.

펑펑 눈이 내리던 날

펑펑 눈이 내리면 스케이트를 타요.
겨울 모자, 장갑, 목도리를 껴요.
가족이랑 스케이트를 아주 빨리 타고 싶어요.
그리고 가족과 함께 귀여운 표정으로
사진을 찍으며 추억을 남기고 싶어요.

크리스마스 양말

크리스마스 양말 속에 트리를 넣고 싶어요.
트리는 커서 예쁠 것 같아요.
산타할아버지에게 받고 싶은 선물은
로봇이에요.
이번 크리스마스에 주셨으면 좋겠어요!

요술쟁이 구름

구름 위로 올라간다면,
책을 여러 권 쌓아서 높이 올라갈 거예요.
1000권이 필요해요.
구름 위 세상에는 카봇이 있었으면 좋겠어요.
카봇과 함께 솜사탕을 먹고 싶어요.
구름처럼 부드러워요.

우리 엄마

우리 엄마는 요리를 잘해요.
그중에서 고기 요리를
가장 맛있게 만들어요!
나는 엄마랑 한자 공부를 할 때가
가장 기분이 좋고 재미있어요.
나는 엄마를 태양만큼 사랑해요!

시원한 아이스크림

내가 가장 좋아하는 맛은
오렌지, 초콜릿, 딸기 맛 아이스크림에요.
놀이터에서 다 놀고
시원한 아이스크림을 먹고 싶어요.
엄마랑 먹을 때가 가장 맛있어요.
엄마랑 같이 있고 싶어요.

비 오는 날 우산

비 오는 날 엄마, 아빠와
함께 우산을 쓰고 싶어요.
엄마, 아빠가 좋아서요.
우산을 쓰고 마트로 가요.
마트를 가는 길에
엄마랑 물웅덩이를 밟으며 놀아요.

나뭇잎

나무에 매달려 있는 나뭇잎은
봄, 여름, 가을, 겨울에 모두 태어났어요.
나뭇잎들을 수레에 담아서
어린이집으로 가요.
친구들에게 나누어 줄 거예요.
나뭇잎으로 미끄럼틀을 만들어서
신나게 타며 놀고 싶어요.

- 오감, 소근육 발달 - 창의 1
- 가능 연령: 5세

이 단계에서는 아이들이 오감과 소근육을 활용해 창의력을 발달시킵니다. 다양한 감각 경험을 통해 세상을 인식하고 표현하는 방법을 익히게 됩니다.

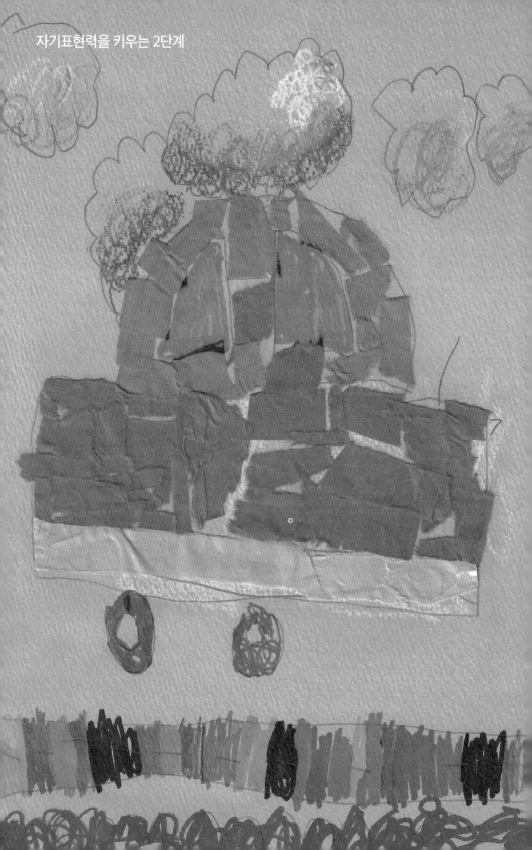

상상 가족 여행

상상 여행을 간다면
자동차를 타고 수영장으로 가고 싶어요.
수영장이 너무 재미있어요.
수영장에서는 배를 타며 놀 거예요.

풍선이야기

풍선을 타고 하늘로 올라간다면 용을 만나고 싶어요.
용은 구름에 갇혀 있어요.
엄마와 아빠, 건우 그리고 선생님도 함께 올라갈 거에요.
동생 건우가 무서워할 것 같아서요.

분수 물놀이

나의 분수는
아주 먼 바닷속 암초 쪽에 있어요.
분수 이름은 라이츄&피카츄 분수예요.
라이츄, 피카츄랑 같이 놀고 싶어요.
이곳에서 잠수 물놀이를 하며 폭포를 발사해요!

내가 좋아하는 물건

내가 좋아하는 물건은 시계예요.
시계는 팔에 차고 있고 집에도 있어요.
언제든지 볼 수 있어서 좋아요.
시계를 보면 약속에 늦지 않고
빨리 갈 수 있어요.

- 생각의 기초, 인지 훈련 발달 - 창의 2
- 가능 연령: 6세

아이들은 생각의 기초와 인지 훈련을 통해 창의력을 키워 나갑니다. 이 단계는 사고력과 문제 해결 능력을 강화하는 데 중점을 둡니다.

푸르름

나만의 푸르름은 계곡에서 노는 거예요.
개구리 친구와 함께 놀아요.
개구리 친구들이 100마리나 있어요.
계곡의 물에서 첨벙첨벙 발차기하며 놀 거예요.

밤하늘 달님

달을 따러 동생이랑
비눗방울 안에 들어가서 우주로 올라가요.
달을 따서 집으로 온다면,
달로 공놀이를 하고 싶어요.
달이 다시 돌아가고 싶다고 한다면,
곰 친구들에게 도와달라고 부탁할 거예요.
여러 마리 곰을 타고 올라가요.

가을 잎사귀

산속 가을 나무에서 가을 잎이 떨어져요.
가을 길바닥 낙엽들 사이로 떨어져 있는
산딸기를 발견했어요.
할머니와 내가 예전에 숨긴 산딸기예요.
가을 잎으로 연상해서 그림을 그린다면,
하트를 그리고 싶어요.
하트를 가족들에게 선물로 줄래요.

유치원 점심시간

나는 유치원 시간 중
친구들과 귀신 놀이하는 것을
가장 좋아해요. 구미호도 나와요!
나는 유치원 점심 중에서
수프, 김치, 밥, 돈가스, 완두콩이 맛있어요.
가장 좋아하는 음식은
시원한 아이스크림이고,
가장 싫어하는 음식은 가지예요.

- 주제 강화, 관찰 훈련 발달 - 창의 3
- 가능 연령: 7세

주제를 강화하고 관찰력을 훈련하는 단계입니다. 아이들은 주제를 깊이 있게 탐구하고, 세부 사항을 관찰하는 능력을 배웁니다.

자전거 그림일기

나는 자전거를 주로
공부하고 난 후에 타러 가요.
만약, 가족과 함께 자전거를 탄다면,
브라질로 가고 싶어요.
축구 경기를 보러 갈 거예요.

불꽃놀이

나는 집에서 엄마랑 로이랑 불꽃놀이를 봤어요.
하늘에서 팡팡 터지는 불꽃들을 보니
기분이 좋아졌어요.
동그라미 모양의 불꽃들을 봤어요.
다음에도 또 불꽃놀이 하는 걸 보고 싶어요.

행복한 가족 여행

우리 가족은 태국에 갔어요.

태국에 있는 바다에서 물놀이를 했어요.

시원해서 기분이 좋았어요.

다음에는 배로 태국에 가고 싶어요.

배를 타면 바다를 볼 수 있어서 좋을 것 같아요.

- 주제 구성 능력 발달 - 구성 4
- 가능 연령: 8세

이 단계에서는 주제를 구성하는 능력을 키웁니다. 아이들은 더 복잡한 주제를 다루고, 이를 구성하고 표현하는 방법을 익히게 됩니다.

상상의 컵

나는 컵으로 주로 망고주스를 마셔요.
망고주스는 내가 좋아하는 음료예요.
만약, 내가 가지고 있는 컵이 마법의 컵이라면,
컵 속에 더 달콤한 망고주스를
만들어 달라고 하고 싶어요.
친구들과 나누어 먹을 거예요.
지금 당장 마실래요!

행복뽑기

랜덤뽑기

내가 자주 하는 랜덤뽑기는 영어학원 1층이에요.

랜덤뽑기에서 내가 원했던 것은 팔찌였어요.

딱! 나왔을 때는 하늘을 날것같이 너무 놀랐어요.

만약 나오지 않았다면 다시 도전할 거예요.

왜냐하면, 예쁘기 때문이에요.

시원한 음료수

내가 좋아하는 음료수는
달고나 우유예요.
만약 편의점에서 /+/ 행사를 한다면,
유나에게 하나를 주고 싶어요.
왜냐하면, 유나는 나에게
선물을 많이 줬기 때문이에요.

행복한 가족 여행

가족 여행을 간다면,
서울에 가고 싶어요.
서울에서 연예인 기안84를 만나고 싶어요.
기안84를 만나게 된다면,
기분이 날아갈 듯이 좋을 것 같아요.
내가 직접 그린 그림을 선물로 주고 싶어요.

- 입체, 공간 구성 발달 - 구성 5
- 가능 연령: 9세

사물의 입체 표현과 공간 구성 능력을 강화하는 단계입니다. 아이들은 공간을 활용해 시각적으로 입체적인 효과적인 표현을 연습합니다.

자기표현력을 키우는 6단계

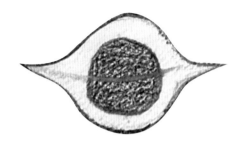

나에게 힐링이 되는 영화

나에게 힐링이 되었던 영화 베스트3는
인터스텔라, 엘리멘탈, COCO이다.
힐링 되었던 영화 중 가장 다시 보고 싶은 영화는 인터스텔라이다.
'그들'이 5차원을 3차원으로 표현한 장면이 마음에 들었는데,
이 부분에서 5차원이 궁금하고 이해가 되지 않아
이해하고 싶어서 다시 보고 싶다.

나의 이름

나의 이름의 뜻 : 빼어날 수 맑은 린

나의 특징 : 보라색을 좋아한다.

나의 장점 : 친구와 잘 지낸다.

나의 단점 : 잘 삐짐. 잘 싸움.

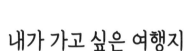

내가 가고 싶은 여행지

프랑스에 가고 싶다.

프랑스에 안 가봤고,

에펠탑이 궁금해서 가고 싶다.

우리 가족 모두 그 프랑스에 갈 것이다.

비행기를 타고 프랑스에 갈 것이며,

6학년이 된 4월 봄에 프랑스에 갈 것이다.

가서는 해변에 갔다가 기차를 타고 에펠탑이랑 개선문을 갈 것이다.

거기서 사진도 찍을 것이다.

- 미술도구 사용법과 재료 경험 - 경험 6
- 가능 연령: 10~12세

아이들은 다양한 미술도구와 재료를 경험하며 자신의 표현력을 확장합니다. 이 단계에서는 재료의 특성을 이해하고, 이를 활용하는 방법을 배웁니다.

스테인레스 컵

환경을 위해 내가 할 수 있는 행동에는

좋이를 쓰지 않는다.

전기 코드를 뽑아 놓는다.

에어컨을 많이 사용하지 않는다.

보일러를 많이 사용하지 않는다.

숲을 지킨다.

등이 있어요.

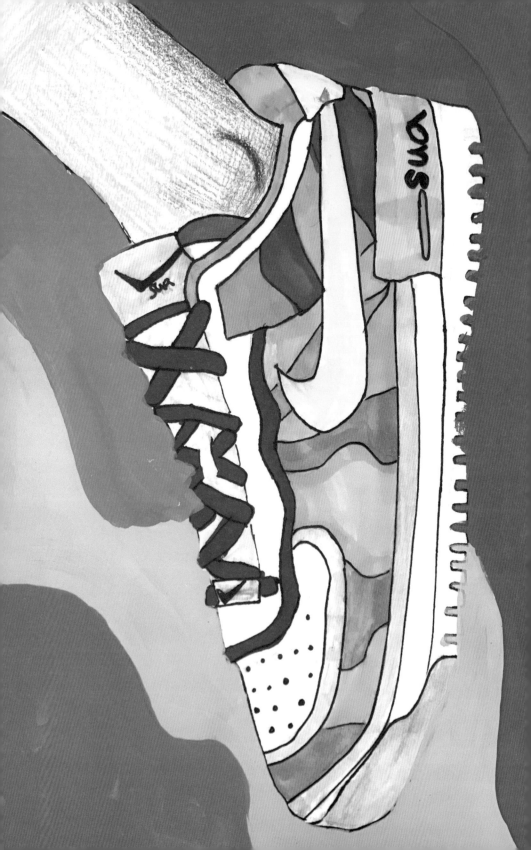

도전 정신

도전을 하면 좋은 점은
성공했을 때 내가 자랑스럽다.
무서워서 1살 때부터 한 번도 청룡 열차를 안 탔는데,
아빠가 보채서 청룡 열차를 탄 적이 있다.
청룡 열차를 타보니 지옥의 맛이었다.
다시는 안 탈 거다.

비밀의 문

나는 나만의 비밀이 있다.

/급 비밀이다.

나는 비밀이 생기면 이야기하는 편이다.

가르쳐주고 싶기 때문이다.

친구가 나에게 비밀을 의논한다면,

반에 소문을 낼 것이다.

- 미술 이론 - 경험 7
- 가능 연령: 11~12세

　미술 이론을 배우고 이를 표현에 적용하는 단계입니다. 아이들은 미술의 기초 이론을 배우며, 이를 창의적인 작품에 반영합니다.

나비

인내심이란 참는 것이라고 생각한다.
나는 인내심이 없다.
주변에서는 엄마가 일도 하고, 우리도 돌봐서 인내심이 강한 것 같다.
참을성이 강해지니까 인내심이 생겼으면 좋겠다.

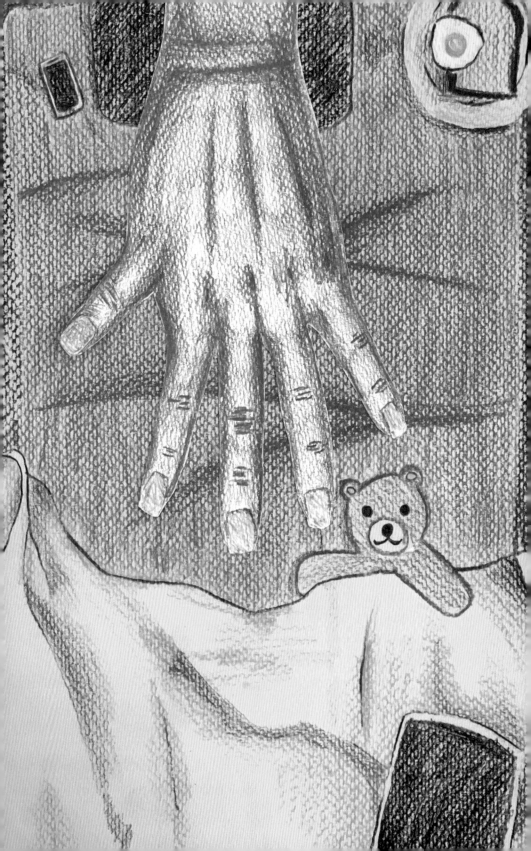

나의 하루 감정 변화

아침에 일어났을 때 평범하고, 학교 가는 길 지루하다.

학교에서 국어 시간은 짜증 나고, 수학과 과학은 좋다.

영어도 짜증 나고 음악도 짜증 나고 실과도 짜증 나고

학교에서 밥을 먹을 때도 짜증 난다….

학원 갈 때 짜증 나고, 집 갈 때 짜증 난다….

숙제할 때 귀찮고, 저녁 먹을 때 짜증 난다….

잠잘 때 제일 좋다.

여행 가방 디자인

내가 원하는 여행 가방 디자인은 손으로 끄는 캐리어이다.

성인이 된 후, 친구들과 프랑스에 여행을 가고 싶다.

수영장이 있고, 에펠탑이 보이는 숙소에 가고 싶다.

친구들과 숙소에서 밤새우며 이야기하고 놀고 싶다.

- 작품화 경험 융합 - 응용 8
- 가능 연령: 12~13세

마지막 단계에서는 아이들이 자신의 창의적인 아이디어를 실제 작품으로 완성합니다. 이 단계는 그동안 배운 모든 것을 종합하여 응용하는 과정입니다.

각 단계는 아이들의 발달 단계를 고려하여 설계되었으며, 창의력과 자기표현력을 동시에 키울 수 있도록 돕습니다. 아이들이 이 과정을 통해 자신감을 얻고, 자신의 생각과 감정을 자유롭게 표현할 수 있기를 바랍니다.

제6장

성취의 시간: 9세 이전 아이들이 스스로 성장하는 경험을 마주하기

아트에세이를 통해 성장의 싹을 티워요

교육과정이 바뀌면서 특히 수학 과목에서 두드러진 변화가 있었어요. 바로 '스토리텔링'이 도입되었다는 거죠. 교과서를 보면 이전에 비해 각 단원의 도입부가 길어졌고 이미지를 제시하고 있음을 알 수 있어요. 아이들은 이미지를 통해 선생님의 이야기를 조금 더 효과적으로 이해하고 문제에 어떻게 접근해야 할지 알 수 있어요. 선생님의 역량에 따라 동기 유발 정도는 물론 학습 이해도에도 차이가 생기는 거죠.

이제 미술은 단지 손으로 하는 유희 활동에 그치지 않아요. 수학을 비롯한 모든 교과목은 지식 전달과 정답을 찾는 문제 풀이법 중심의 교육에서 과정, 서술, 문제 해결력 등을 결합한 복합적 사고를 요하는 방향으로 나아가고 있어요. 이러한 변화 속에서 미술은 아이들이 직접 생각하도록 유도하고 사고력을 향상할 수 있게 하는 학습의 밑바탕이 되고 있죠.

그렇기에 9세 이전 아이들은 오감으로 핵심을 파악하고 기록하는 습관을 길러야 해요. 이런 습관이 공부 머리에 어떤 영향을 미치는지 부모들이 알게 된다면 아마 미술 교육을 대하는 태도에도 많은 변화가 생기지 않을까요?

똘망한 눈으로 처음 만났던 6세와 5세의 연년생 자매 은빈이와 은진이
는 이제 13세, 12세가 되었어요. 7년여의 시간 동안 자기 그림과 이야기가
담긴 아트에세이북을 5권씩 갖게 되었죠. 이 과정에서 아이들은 각자의
꿈을 키워 온 것 같아요.

은빈이는 디자인이나 애니메이션 분야로 진로를 꿈꾸게 되었고, 은진
이는 언어와 그림을 접목하는 데에 관심이 있다고 해요. 아트에세이 과정
은 아이들이 관심사가 무엇인지 발견하고 추억을 그림과 글로 기록하며
다른 사람들과 소통하는, 남들은 할 수 없는 특별한 경험을 준다고 생각
해요.

성장 과정이 엮인 아트에세이의 효과

아트에세이 프로그램은 매슬로우의 욕구 이론에 기반하고 있어요. 매슬로우는 인간의 욕구에 단계가 있다고 주장하며 각 욕구 단계가 충족되어야 다음 단계로 나아갈 수 있다고 했죠. 그에 따르면 정서가 안정되어야 자아실현 단계로 올라갈 수 있어요. 자아실현을 위해서는 자기표현 욕구가 충족되어야 하는데, 자기표현은 인간이 가진 중요한 욕구 중 하나예요.

현대 사회에서 사람들의 자기표현은 세대를 막론하고 점점 적극적으로 변화하며 그 수도 증가하고 있어요. 독립출판을 향한 어른들의 관심이 커지는 것도 그 맥락에서 볼 수 있죠. 출판이 아니더라도 SNS를 통해 자기 일상을 기록하고 공유하는 것은 이제 당연하고 보편적인 일이 되었어요.

5세 무렵이 되면 표현하고자 하는 욕구가 분출돼요. 4~5세 무렵이 되면 무언가를 잡고 그리기 시작해요. 벽, 바닥 등 보이는 모든 곳에 낙서를 하고, 찢고 오리고 배치하며 자기 자신을 표현하는 거예요. 그런 모습을 볼 때 부모는 대견함과 기쁨을 느끼고, 아이가 스스로 그린 첫 작품을 사진으로 남기곤 하죠.

그림, 즉 미술은 이 시기에 가장 쉽게 접할 수 있는 교육이기도 해요. 아이도 자기가 표현한 것을 누군가에게 보여 주려 해요. 자기표현에 반응하고 공감하기를 바라는 인정 욕구가 발현되는 거예요. 아트에세이 스토리텔링 프로그램은 이런 아이의 자기표현 욕구를 충분히 표출할 수 있게 해요.

아이들의 그림은 어른의 눈에 수수께끼처럼 보일 수도 있어요. 하지만 점점 시각적 인지 능력이 확장되고 표현력이 풍부해지면서 아이들의 성장과 더불어 그림도 발전해 나가죠. 도전과 성취를 거듭하며 자기 가능성을 발견하고 자신감을 키워 나가는 데에도 아트에세이 스토리텔링 프로그램은 굉장히 효과적이에요.

아이들은 부모의 기준과 가치에 따라, 사회가 규정하는 틀 속에서 표현 방식을 배우기도 해요. 유년기에는 부모의 생각과 틀 속에서 교육을 받고, 유치원과 학교에 가기 시작하면서는 선생님의 가르침에 의존하게 되죠.

한때 프랜차이즈 레스토랑이 즐비하던 시절이 있었지만, 이제는 다른 나라에서 공부하고 온 요리사가 동네에 차린 작은 식당이 더 각광받는 시대인 것 같아요. 명성이나 서열보다 중요한 가치가 인정받는 시대가 된 셈이에요.

식당뿐 아니라 사람도 마찬가지인 것 같아요. 아이 스스로 경험하고 가능성을 확장하며 성장할 수 있게 하는 교육이 필요한 시대라고 생각해요. 각 개인이 주도적으로 '나'를 표현하는 시대에 이제 우리는 아이가 좋아하는 일, 관심 있는 일을 찾게 해 주어야 해요. 학원을 보내고 레슨을 시키더라도 얼마나 실력이 늘었는지 평가하기보다는 좋아하는 일을 찾는 데에 목적을 둘 필요가 있어요.

지금은 남들을 따라 하지 않고 자기만의 표현법을 길러야 하는 시대, '나다운' 그림으로 개성을 표현하고 소통하는 방식을 익혀야 하는 시대예요. 그러기 위해 배움이 필요하다는 것을 아이는 성장하면서 스스로 터득하게 될 거예요. 생각을 그림으로 표현하는 법, 그리고 그 즐거움을 찾을 수 있다면 아이는 삶의 저변을 넓히면서 평생을 살아갈 힘을 가질 수 있어요.

'자기표현'은 생각과 감정을 전달하는 데에 굉장히 중요해요. 하지만 자기표현을 잘하기 위해서는 자존감과 자신감이라는 견고한 기반이 다져져 있어야 해요.

이제 우리 아이들은 남이 정한 틀이 아니라 내가 정한 방식대로 세상을 살아가야 해요. 실패와 성공을 거듭하며 그 경험 속에서 타인과 소통하고 타협하면서 지식을 확장하며 살아가야 하기 때문이에요. 아이가 '나답게' 성장할 수 있게 해 주어야 해요. 그리고 아트에세이북은 그럴 수 있는 강력한 힘을 갖고 있죠.

아트에세이가 가진 힘을 구체적으로 살펴볼게요.

첫째, 두뇌 발달에 효과적이에요.

초등학교에 입학할 때가 되면 아이는 자기와 가족의 이름, 호칭 등을 글과 그림으로 표현하는 연습을 해요. 친구들이나 부모 앞에서 자기 생각을 발표하기도 해요. 사람의 손은 64개의 뼈로 구성되어 있는데, 자기 생각을 외부에 효과적으로 표현하려면 이 뼈들을 자유자재로 움직일 수 있게 하는 손가락 근육의 통제력이 중요해요. 직선과 곡선 그리기 등 손을 활용한 다양한 활동을 하며 이런 소근육을 키워 줄 수 있어요.

소근육 성장에 가장 효과적인 방법이 바로 '미술 놀이'예요. 연상하기, 선 그리기, 가위로 오리기, 종이접기 등 소근육을 활용하는 놀이 방법이 무궁무진하죠. 아이는 놀이를 하며 도형으로 연상하는 법, 대상을 관찰하는 법, 다양한 재료와 기법을 활용하는 법 등을 익힐 수 있어요. 손의 소근육은 눈과 손의 협응력, 양손의 협응력, 손가락의 민첩성, 모방 기능과 관련이 깊어요. 그리고 쓰기 학습과 두뇌 발달에도 필수적이죠. 미술 수업뿐 아니라 일상에서도 다양한 도구로 스스로 그림을 그릴 수 있도록 격려하며 기다려 줘야 해요.

둘째, 사회성 발달에 도움이 돼요.

현대 사회에서는 기술이 급격히 발달하고 사람 간의 협업 능력이 중시되고 있어요. 지능을 의미하는 IQ가 개인의 성공을 결정하지 않는다는 의미예요. 감성지수인 EQ, 사람들과 소통하고 조화롭게 어울리는 사회성지수인 SQ, 탄탄한 인적 관계를 맺고 공존하는 능력인 네트워크지수 등의 중요성이 더 커지죠. 아이들은 부모, 친구, 선생님 등 주변 사람들과 끊임없이 상호작용하며 성장해요. 그렇기에 이러한 비인지 능력을 키워 또래 친구들과 소통하며 잘 어울리는 방법을 익히게 하는 것이 우리의 역할이겠죠.

셋째, 자기표현을 통해 상상력을 키울 수 있어요.

어린이는 그림 속에 자기의 일상을 모방해 표현해요. 아이들에게 모든 놀이는 흉내 내기에서 시작하고, 상상 놀이로 이어져요. 커다란 코끼리가 코로 물을 뿌리면 아이들은 물놀이를 하듯 즐거워하고, 길쭉한 코끼리 코를 미끄럼틀처럼 타고 신나게 내려오죠. 신나는 표정으로 코끼리와 소통하며 어울리고, 상상 속 친구 토끼와 고양이도 달려와 놀이에 참여해요. 이렇게 상상 속 장면을 그림으로 표현하다 보면 사고력과 언어력이 발달하게 돼요.

넷째, 언어 발달을 자극해요.

유아기에는 언어 능력이 폭발적으로 올라오는 시기이기에 적절한 언어적 자극을 주며 발달을 도와주어야 해요. 그림으로 이야기를 만들면서 아이들은 말하는 능력과 어휘력을 크게 높일 수 있어요. 그림으로 자기 생각을 표현하는 행위, 정해지지 않은 답을 스스로 찾고 만드는 과정은 아이들에게 매우 특별한 경험이 되죠. 물론 아이의 성향에 따라 자기 생각을 말하고 이야기로 구성하는 것은 쉬울 수도, 어려울 수도 있어요. 하지만 교사가 아이들의 성향을 관찰하고 파악한 뒤 자연스럽게 이야기할 수 있는 상황을 유도하면 금방 와글와글 이야기 꽃을 피우는 분위기가 만들어져요.

다섯째, 자기표현에 자신감을 갖게 돼요.

아이가 생각하고 느끼고 경험한 모든 일이 소재가 되기에 다른 사람의 눈치를 보지 않고 표현할 수 있어요. 자유로운 발상과 표현을 거듭하면서 자기 이야기를 자신 있게 말할 수 있게 되죠.

여섯째, 자기 주도성을 기를 수 있어요.

자기만의 주제와 이야기로 그림을 구성하며 독특한 개성을 드러낼 수 있어요. 다른 사람의 틀에 갇히지 않고 주도적으로 이야기를 만드는 능력이 생기는 거예요.

일곱째, 엄청난 성취감을 느낄 수 있어요.

그림으로 자기 생각과 느낌을 솔직하게 표현하고, 주위에서 독특한 관점이라고 인식해 주면 미술에 흥미와 재미를 느끼게 돼요. 스스로 성찰하는 기회가 되기도 하죠. 아트에세이북은 아이들 개인의 '경험과 기록'으로 남아요. 그리고 연령별 과정을 거치면서 자기 성장을 체감하고 표현의 성장 자체에 자신감을 갖고 성취감을 느낄 수 있어요.

그림으로 얻는 성취감과 자신감

작은 일들이 계속 모여서 위대한 일이 이루어진다.

– 빈센트 반 고흐

아이가 그림 표현에 어려움을 느끼면 교사는 쉽게 이해할 수 있도록 자기만의 노하우와 스토리텔링을 통해 성취감을 느낄 수 있게 도와줘야 해요. 저는 16년 동안 각각의 아이들을 관찰하고 지도하면서 성장하는 모습을 지켜봐 왔어요.

먼저, 아이가 좋아하는 그림 주제를 선택할 수 있도록 하고, 일상의 이야기를 표현할 수 있는 분위기를 조성했어요. 그리고 아이들이 자기를 드러내는 가장 강력한 표현 수단이 그림이라는 것을 알려 주었죠. 경험과 상상을 중요시하는 수업이기 때문에 그림의 의미와 중요성을 전달하는 데에 중점을 두었어요.

자기 이야기를 표현하는 즐거움을 느껴 보아야 이후에도 어디서든 당당한 자신감을 보일 수 있어요. 처음에는 수줍어하고 쑥스러워하던 아이들의 눈빛에 점차 자신감과 자부심이 차오르는 것을 보며 미술 교육의 적기는 9세 이전이라는 생각을 더욱 굳히게 되었죠. 그리고 이 신념은 지금까지도 끊임없이 최고의 방법을 고민하고 연구하는 밑거름이 되고 있어요.

미술이 자유로운 상상과 자기만의 표현을 위한 훌륭한 도구라는 것을 아이들이 직접 느끼게 하고 싶었어요. 그러면 자연히 개성을 발휘하고 성취감을 고취하며, 결국 자기 주도적 역량도 함께 키워질 것이라는 확신이 생겼어요.

저는 아이들 저마다의 발달 과정에 맞춰 미술 교육을 하고 있어요. 아트에세이를 통해 자기만의 세계를 구축할 수 있도록 하며, 아이들이 잊지 못할 추억을 만드는 도구로서의 미술의 가치를 교육 현장에서 전달하고 있죠.

아이가 좋아하는 것은 저마다 다를 거예요. 책을 좋아하는 아이도, 영어를 좋아하는 아이도, 체육을 좋아하는 아이도 있겠죠. 하지만 아이가 무엇을 좋아하든 성취감과 도전정신을 바탕으로 자기의 꿈을 키워 나가야 한다는 것은 분명해요.

유튜브에서 오은영 박사님의 영상을 본 적이 있어요. 유치원생이나 초등 저학년 자녀를 둔 학부모의 고민을 듣고 해결책을 제시하는 내용이었어요. 질문은 이랬어요.

"아이들이 방학에 평소보다 시간이 많은데, 어떤 공부를 더 보충해야 할까요? 혹은 학습 자신감을 키워 주는 방법이 있을까요?"

오 박사님의 솔루션은 크게 세 가지였어요. 첫째, 먼저 아이들이 원하는 활동이나 경험을 할 시간을 줄 것, 둘째, 성취감을 느낄 수 있는 경험을 할 것, 셋째, 다음에도 내가 도전할 수 있겠다는 마음을 갖는 시간을 줄 것.

'9세 이전에 성취감을 느끼게 하는 것'이 아이들에게 매우 중요하다는 사실은 많은 교육자들이 공감할 거예요. 아이가 자기의 발전 과정을 스스로 느끼는 것은 반복적인 훈련보다 큰 동기부여 효과가 있어요.

거듭 강조하지만, 9세 이전의 미술 교육은 관련 전공이나 직업을 위한 기술 표현력 향상에 초점을 맞춰서는 안 돼요. '생각한 것을 그대로 그리면 그림이 되는구나!'라는 깨달음을 얻도록 하는 데에 주목해야 해요.

그렇기에 아이가 먼저 그림을 그리고 싶다는 마음이 들게 해야 해요. 이 경험을 충분히 하고 나면 성취감은 아이의 친구처럼 굉장히 가까운 곳에 다가와 있을 거예요. 그렇다면 '성취감을 느끼는 미술 교육'은 어떻게 해야 할까요? 그림 자체를 가르치기에 앞서 아이의 진심에 감동하고 격려해 주어야 해요.

표현력을 기르기 위한 공간은 많아요. 표현력 자체는 기술이기 때문이죠. 하지만 '자기표현력'을 기르는 곳을 찾기는 쉽지 않아요. 자신을 먼저 이해하고 그 생각과 감정이 동반되는 표현이기 때문이에요. 그렇기에 자기표현력을 기르려면 먼저 아이가 자신을 알고 자아를 구축하는 과정이 선행되어야 해요.

아트에세이 과정은 자기표현력과 성취감을 느끼는 방법을 알려줘요. 그리고 아이들의 내면에는 자신감이 깊이 뿌리내리게 되죠. 아이의 자유로운 상상과 표현을 독려하는 이유는 성취감의 밑바탕을 만들어 주기 위해서예요. 성취감을 느끼면 자신감은 자연스럽게 따라와요.

각자의 흥미와 경험을 바탕으로 번뜩이는 작품을 만들어 내는 아트에세이는 자기표현력과 감성 체력을 기르는 배경이 돼요. 그림을 그리고 빈 곳을 조금씩 채워 가며 아이들은 조금씩 성장해 가요. 저는 예술 교육에 대한 접근 방식을 수정, 보완하고 재구성하며 새로운 커리큘럼을 제공함으로써 차근차근 성장하는 아이들을 보면 대견하고 기특한 마음이 들어요.

아이의 작은 작품 하나에도 공감하고 칭찬하는 따뜻한 시선 속에서 아이들은 행복감을 느껴요. 그러면서 주도적으로 살펴보고 느끼면서 붓 터치 하나하나 개성이 담긴 그림과 일기를 채워 가죠. 아이들은 나만의 아트에세이를 만들면서 예술적 감성, 창의력을 키우는 것은 물론, 자기 자신을 비춰 보고 발견해 가고 있어요.

어렵게만 여겨졌던 미술과의 거리를 좁히고 시각적 이미지를 언어로 활용할 수 있게 된다면 아이들의 미래에도 큰 도움이 될 것으로 확신해요. "아이들의 그림은 언어이자 기록이다."라는 저의 모토는 앞으로도 계속 미술 교육의 핵심 가치로 자리매김하며 새로운 이야기를 아이들과 함께 만들며 나아갈 거예요. 아이들은 성취감과 도전 정신을 기르는 미술 교육을 통해 어느덧 훌쩍 몸도 마음도 성장해 있을 거예요.

기록하는 습관과 공부하려는 마음을
연결해 주는 아트에세이북

아트에세이북 커리큘럼을 통해 아이들이 충분한 자기표현 시간을 가지는 것만으로도 시각적 문해력이 성장한다는 것을 확인할 수 있었어요. 나아가 아이들이 공부 외 시간을 주도적으로 활용하며 공부 머리를 키우는

데에도 상당한 도움이 되기도 하더라고요.

이 책은 저의 미술 교육법을 설명하고 있지만, 결과적으로는 '아이를 행복하게 키우는 교육'이 궁극적인 주제라고 할 수 있어요. 그러니 아이들의 현재 시기에 무엇이 중요한지 한 번쯤 다시 생각해 보는 기회를 가지셨으면 해요. 저는 공부 머리보다는 감성 체력, 자신감, 표현력을 기르는 것이 중요하다고 생각했고, 그 수단으로 선택한 것이 스토리텔링 미술 즉 아트 에세이 커리큘럼 과정이었죠.

사실 아이들에게 단순히 미술 표현법만 지도하는 것은 어렵지 않았어요. 하지만 아이들이 이 미술 수업을 어떻게 기억할지 상상해 보니 두려움이 밀려왔어요. 유년기의 미술 수업을 돌아봤을 때 '살아 보니 그때 배운 미술은 하나도 쓸모가 없었네.'라는 생각이 든다면 제가 너무 창피할 것 같았어요.

하지만 주요 과목을 놓을 수 없는 부모들의 절박함도 잘 알고 있기에 저는 창의력 중심의 미술 교육과 공부를 위한 미술 교육의 균형점을 찾아가기 위해 노력했어요. 아이가 비우는 시간을 만나서 자기 경험을 이야기하고 시각적으로 표현하면서 공부 머리도 자랄 수 있다는 것을 증명하고 싶었어요.

그렇게 요즘은 아이들과 함께 그림을 그리며 행복한 일상을 보내고 있어요. 아이 말에 귀 기울이고, 아이가 즐겁게 선을 긋고 색을 칠하는 모습을 보면 '아, 나도 꽤 괜찮은 미술 선생님이구나.'라는 보람과 기쁨을 느끼곤 해요. 칭찬과 격려, 대화를 나누며 아이들이 하루가 다르게 성장하는 모습을 보면 뿌듯하기도 하고요.

아이를 제대로 키우려면 꼭 한 번은 '성취감 있는 교육'을 경험하게 해야 한다고 생각해요. 그리고 이 책을 통해 미술 교육이, 나아가 기존의 채우는 교육과는 다른 시각으로 접근한 교육이 어떤 가치가 있는지 많은 사람이 발견했으면 하는 바람이에요. 그리고 서둘러 나아가려고만 하는 어른들이 '쉼'이 아이들을 변화시킬 수 있음을 확인하고 한숨 돌리며 스스로를 토닥이는 시간을 가지셨으면 해요. 완전하지는 못하더라도, 이 책이 여러분께 따스한 위로와 공감이 되었으면 좋겠어요.

아이들이 멋지게 성장할 수 있도록

자기 콘텐츠가 있는 아이는 위기에 강해요. 상상력을 키우기 위해 만 3세 무렵부터 미술 교육을 시키는 부모들은 많아요. 하지만 여덟 살 무렵이 되면 현실적인 고민과 갈등에 맞닥뜨리게 되죠. 학업 성취를 위해 이것저것 시켜야 한다는 생각에 아이들의 일상이 굉장히 분주해지는 거죠.

종이접기, 그리기, 만들기, 생활화, 그림일기 등 다양한 미술 영역은 아이들이 초등학교에 입학하기 전에 섭렵해야 해요. 학교에 입학한 뒤에는 시간 내에 작품을 완성하고 각종 대회에서 수상을 노리는 등 효율과 성과를 추구하는 매일을 보내게 돼요. '상상력을 키우기 위해'라는 유년기의 미술 교육 목표는 사라지고 마는 거예요.

초등학교 저학년 이후부터는 미술에서 자기표현력의 중요성이 점차 밀려나요. 과목 자체의 무게감도 가벼워져서 일시적으로 배우는 부수적인 과목 정도로 치부되죠. 저는 이 사실이 굉장히 안타까워요.

학교에서 내주는 그림 그리기, 다문화 그리기, 과학 상상화 같은 과제는 아이들에게 무언가를 일깨우고 동기를 부여하기보다는 '과제' 자체로서의 의미가 커요. 아마 많은 부모들도 이 점은 잘 알고 있을 거예요. 어떻게 미술을 지도해야 할지 모르는 엄마는 어떻게 배웠는지 기억을 더듬어 알려 주려 하지만, 돌아오는 것은 아이와의 충돌과 갈등뿐이에요. 자연히 그 과제는 엄마의 숙제가 되고 말죠.

날이 갈수록 그림으로 표현하는 과정이 중요해지는데, 정작 현실은 변하지 않고 단순히 미술 표현법을 가르치는 데에 집중하고 있어요. 9세 이전 자녀에게 미술 교육을 시키려는 이유를 부모들이 먼저 생각해 봐야 하지 않을까 생각해요. 우리 가정에서는 어떤 교육 방침을 세웠는지, 어떤 교육 방향을 갖고 있는지 고민해 봐야 해요. 당장의 미술 과제나 숙제를 해내는 것도 중요하지만, 아이에게 미술 교육을 시키는 근본적인 이유를 발견하는 것이 우선되어야 하겠죠.

결국 9세 이전 아이에게 있어 그리기 활동, 미술 교육의 궁극적 목적은 아이만의 표현력을 키우고 자신감을 심어 주는 데에 있지 않을까요? 그리기라는 활동 자체를 어려워하지 않고, 획일적인 그림을 벗어나 자기만의 시간과 개성을 충분히 활용할 수 있는 아이로 성장하는 것이 모든 부모의 미술 교육 목표가 아닐까 해요.

AI가 사회적으로 널리 사용되고 있고, 많은 직업군이 기계로 대체되는 상황이에요. 이렇게 역동적으로 변하는 사회 속에서 인공지능이 대체할 수 없는 직업군의 미래 가치가 굉장히 높다는 것을 우리는 잘 알고 있어요. 부모도 주요 과목의 성적보다 내 아이만의 개성과 차별점을 만드는 자기표현력을 기르는 것이 중요하다는 사실을 알고 있죠.

저는 상담을 진행하며 비슷한 고민을 가진 많은 엄마를 만났어요. 아이가 유아일 때부터 경험과 체험 위주의 활동을 많이 시켰지만 정작 학교에 입학할 무렵이 되어 자발적으로 익히고 즐기는 자기표현력으로 연결되지 않는다는 고민이었죠. 놀이미술, 창의미술, 프로젝트미술 등 다양한 것을 경험하게 하지만, 부모의 기대치와 만족을 위한 것일 뿐 정작 '무엇'을 아이들에게 가르쳐야 할지 방향을 잡지 못하는 경우가 꽤 많아요.

이제 아이가 '나만의 방식'을 만들어 갈 수 있도록 교육해야 해요. 가장 행복한 아이는 '나답게 살아가는 아이', '자기 주도적으로 해결할 줄 아는 아이'일 거예요. 9세 이전 아이들이 주요 과목 외에 놀이를 한다고 해서 버려지는 시간, 비효율적인 시간이라고 여기면 안 돼요. 이런 시간은 낭비가 아니라 훗날 아이들이 계속 성장하고 수많은 난관에 직면할 때 극복하고 성장하는 밑거름이 될 거예요.

비워지는 시간을 접한 아이들, 그리고 일상에 대한 질문과 이야기로 완성되는 미술 커리큘럼은 아이들에게 어떤 기억으로 남을까요? 지금 아이들이 다니는 학원들, 그리고 앞으로 다닐 수많은 학원들은 어떤 의미로 남을까요? 그 답은 아마도 모두에게 명확할 거라고 생각해요.

저는 아이들의 그림을 볼 때마다 감탄을 멈출 수가 없었어요. 동화 속 공주 같고, 이야기 속 개구쟁이 같은 순수한 영혼의 아이들의 그림은 수많은 이야깃거리가 담긴 요술보따리 같다는 느낌을 받거든요. 그리고 그 보따리를 열면 평소에는 볼 수 없었던 의외의 개성을 발견하게 될 때가 많아요.

아이들은 자신을 그림에 잘 담아내요. 어른들은 쉽게 하지 못하는 일이죠. 9세 이전 아이들에게 그림은 '나'를 드러내는 표현의 수단이에요. 그림을 잘 그리고 싶다는 욕망은 내가 멋진 사람으로 성장하고 싶다는 욕망과도 일맥상통하는 거예요.

5~9세 무렵의 아이들은 자기 그림을 그리고 자기 이야기를 표현할 수 있는 시간을 많이 가져야 해요. 지금까지 강조한 '비우는 시간'이죠. 미술 교육은 당장 그림을 잘 그리게 하는 것보다 자신의 말과 글을 그림으로 표현할 수 있게 지도하는 것이 중요해요.

주체성이 중요한 시대에 그림을 배우며 자기 개성을 잘 가꿔 나가는 아이가 많아진다는 것은 정말 기쁜 일이 아닐 수 없어요. 이런 아이들은 먼 훗날에도 남들이 정한 길을 그대로 따라가기보다는 자기만의 콘텐츠를 만들고 주체적으로 나아갈 길을 선택하는 어른으로 자라날 수 있을 거예요.

'행복은 원하는 것을 얻는 데에 있지 않다. 이미 가진 것을 깨닫는 것이다.'

어느덧 아이들과 그림으로 소통한 지 16년이 흘렀네요. 보통 미술 교육을 전공하면 임용을 거쳐 중등교사가 되겠다는 최종 목표를 갖고 있어요. 하지만 저는 교육원을 창업했고, 분명한 목표를 가지고 운영해 왔어요.

유년 시절에는 비우는 시간을 가지며 나를 발견하는 기회를 얻었고, 그림을 좋아하는 아이들을 만나며 끊임없이 경험하고 도전하고 연구해 왔어요. 그렇게 아이들의 성장, 나아가 저 스스로의 성장을 위한 밑거름을 만들었고 확실한 자신감을 갖게 되었죠. 여기까지 오는 데에는 아이들과 학부모들의 응원이 큰 힘이 되었어요.

요즘 주위를 보면 비우는 시간의 중요성을 깨닫고 그림과 이야기를 접목해 아이들의 이야기를 듣는 미술 교육원이 많아지고 있는 것 같아요. 굉장히 긍정적인 변화라고 생각해요. 9세 이전 미술 교육의 본질을 지향하는 학부모, 교육원 선생님들께 감사의 인사를 드립니다. 그리고 진심을 다해 응원합니다.